Wassermann Horoskop 2024

Angeline A. Rubi
Alina A. Rubi

Unabhängig veröffentlicht

Wer ist Wassermann?

Termine: 21. Januar bis 19. Februar

Tag: Samstag

Farbe: Lila

Element: Luft

Kompatibilität: Löwe, Waage. Schütze

Symbol:

Modus: Festgelegt

Polarität: Männlich

Herrschender Planet: Uranus und Saturn

Haus: 11

Metall: Chrom

Quarz: Amethyst, Granatapfel

Sternbild: Wassermann

Wassermann-Persönlichkeit

Der Wassermann hat eine starke und attraktive Persönlichkeit. Ein Wassermann ist sympathisch und fürsorglich. Er ist ehrlich und absolut loyal, originell und brillant. Der Wassermann ist unabhängig und intellektuell.

Sie kämpfen gerne für gerechte Dinge, träumen und planen für eine glückliche Zukunft, lernen aus der Vergangenheit, haben gute Freunde und viel Spaß. Wassermänner lieben Innovation und Originalität, so dass sie scheuen, wie jeder andere zu sein, lieber ihren eigenen Weg zu schaffen und haben keine Angst, einen Unterschied zu machen.

Sie werden nie einer vorgegebenen Mode folgen, im Gegenteil, sie sind diejenigen, die die Trends schaffen.

Sie sind freie Seelen, sie hassen Bindungen und geschlossene Räume, und als ein gutes Luftzeichen müssen sie atmen.

Als energiegeladener Wassermann haben diese Menschen das tiefe Bedürfnis, von Zeit zu Zeit allein zu sein, der Welt zu entfliehen und all die Energie zurückzugewinnen, die sie verloren haben.

Wassermänner brauchen Motivation, um die von ihnen erwarteten Ergebnisse zu erzielen; ohne geistige

Anregung wird ihnen langweilig. Stabilität und Selbstvertrauen zu erlangen, ist für Wassermänner von größter Bedeutung.

Sie sind selbstbewusste und vertrauenswürdige Menschen. Sie sind genau das, was sie vorgeben zu sein. Nichts wird vorgetäuscht. Sie sind ausgezeichnete Zuhörer, interessieren sich aufrichtig für die Probleme anderer und versuchen, mit einfühlsamen und klaren Ratschlägen zu helfen. Wassermänner sehen nur Menschen und betrachten sie alle als gleichwertig. Sie lieben es, Gruppen von Freunden, um sich zu scharen (die sie in Hülle und Fülle haben) und stundenlang über Ideale zu reden und Erfahrungen auszutauschen.

Sie könnten über den Tellerrand hinausschauen. Sie können sich kreative Lösungen ausdenken und alte Probleme aus neuen Perspektiven betrachten. Ihre große intellektuelle Kapazität und Beweglichkeit führen dazu, dass sie sich mit mehreren Aktivitäten gleichzeitig beschäftigen und mehrere Interessen entwickeln. Sie sind der "Klebstoff" des Tierkreises. Das Element, das verschiedene Menschen und Ideen miteinander verbindet.

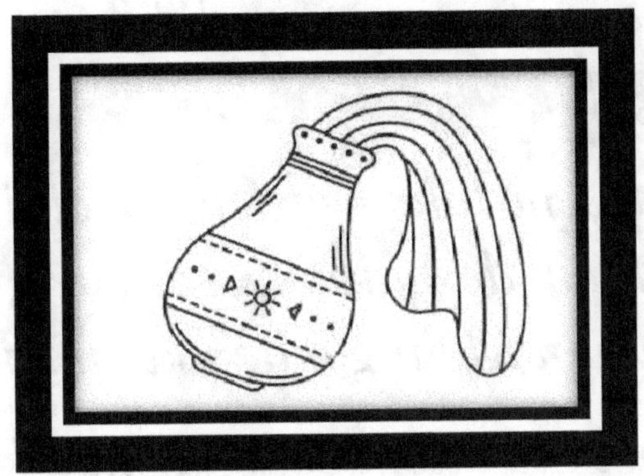

Allgemeines Wassermann-Horoskop

Willkommen an Bord des Wassermanns. 2024 wird ein Jahr mit viel Spaß und alle Ihre Wünsche werden dank der planetarischen Ereignisse, die in Ihrem Sternzeichen stattfinden, erfüllt werden.

In diesem Jahr werden Sie sich ganz auf sich selbst konzentrieren und eine neue Identität und persönliche Herausforderungen definieren, ohne sich von den Erwartungen der Menschen um Sie herum beeinflussen zu lassen. In diesem Jahr werden Sie die Unterstützung Ihrer Familie und Freunde haben.

Ihre Finanzen werden eine Achterbahnfahrt erleben, deshalb sollten Sie mit Geldanlagen vorsichtig sein, denn es kann zu Verlusten und Problemen kommen. Es wird Situationen geben, die Sie lieber vermeiden würden. Es ist möglich, dass Ihre Glaubwürdigkeit in Frage gestellt wird, was Ihrem Ansehen schaden wird. Einige Menschen in Ihrem Umfeld und Arbeitskollegen werden Sie enttäuschen, weil sie Sie

Intrigen und Lügen aussetzen. Versuchen Sie, in diesen Situationen geduldig zu sein, damit alles gut ausgeht.

In diesem Jahr werden Sie einige wichtige Lektionen erhalten, deshalb müssen Sie geduldig sein und sich nicht um Kleinigkeiten kümmern.

Wenn Sie alleinstehend sind, könnten Sie einen Ihrer Seelenverwandten treffen und sehr tiefe Verbindungen eingehen. Sie werden immense Möglichkeiten haben, erfolgreich zu sein, aber Sie werden einige wichtige Entscheidungen in Bezug auf das Geschäft treffen müssen, und einige müssen sich vielleicht wegen ihrer Arbeit von ihrer Familie trennen.

Sie müssen auf Ihre Gesundheit achten und sich ständig um gute Gewohnheiten bemühen, sich von ungesunden Ernährungsgewohnheiten fernhalten und eine gesunde Routine in Verbindung mit körperlichen Übungen einhalten. Sie sollten sich von allem fernhalten, was Ihnen Stress und Spannungen bereitet, da dies Ihre emotionale Gesundheit beeinträchtigen könnte. Wenn Sie unter Schlaf- und Ruheproblemen leiden, nehmen Sie keine Medikamente ein, sondern versuchen Sie, zu meditieren.

Pluto wird 2024 in Ihr Zeichen zurückkehren und Ihnen helfen, Ihre persönliche Kraft zu finden und Ihren Willen zu stärken. Sie können das pflegen, was Ihnen am Herzen liegt, mehr Fülle in Ihr Leben bringen und kreativer sein. Sie werden selbstbewusster sein und Ihre Kraft wird stark sein. Du wirst dich von nichts und niemandem unterkriegen lassen. Das ist auch gut für Geldangelegenheiten und kann Ihren Wohlstand steigern. Es werden sich neue Möglichkeiten ergeben, und ein ganz neues Kapitel in Ihrem Leben könnte auf Sie warten.

Während der Vollmondphasen sollten Sie auf Ihre emotionalen Bedürfnisse achten, da Sie dann empfindlicher und frustrierter sein könnten. Kümmern Sie sich um sich selbst und Sie werden sich ruhig fühlen können. Versuchen Sie, sich auf die Liebe zu konzentrieren, und lassen Sie sich nicht von äußeren Umständen deprimieren. Sie sollten in Ihren persönlichen und sentimentalen Beziehungen Abstand nehmen, damit Sie Ihre Verpflichtungen in Kenntnis der Sachlage angehen können. Sie müssen verstehen, dass viele Menschen nicht so denken wie Sie.

Familienkonflikte werden der Vergangenheit angehören, da wichtige Vereinbarungen in Ihrem Haus getroffen werden.

Sie werden mehrere Trennungen mit toxischen Menschen erleben, wenn Sie einen Partner haben, wird es viele Höhen und Tiefen geben, weil eine dritte Person in Ihre Entscheidungen einbezogen wird. Es ist wichtig, dass Sie diesen Konflikt lösen.

Wenn Sie noch keinen Partner haben, ist dies das Jahr, in dem Sie sich wieder verlieben und die Liebe in vollen Zügen genießen können.

Nutzen Sie während der Finsternis Zeit Ihr gesamtes berufliches Wissen, um Ihren Weg zu gestalten. Tun Sie nicht so, als wären Sie unwissend, weil Sie befürchten, Ihr Wissen nicht ausdrücken zu können, sondern zeigen Sie, dass Sie professionell sind.

Liebe

Ein Jahr mit viel Liebe, indem du erkennen wirst, dass Herzenskummer bedeutungslos ist, wenn du gute Menschen an deiner Seite hast.

Wenn Sie keinen Partner haben, ist da eine Melancholie, die Sie daran hindert, voranzukommen und neue Menschen zu treffen. Der Geschmack einer vergangenen Liebe hat eine tiefe Wunde hinterlassen. Verlassen Sie diese Opferrolle, in der Sie sich so wohl fühlen, Sie verdienen mehr als das, und es wird jemand in Ihr Leben treten, der es Ihnen verständlich macht.

Jede vergangene Liebe muss vergessen werden, und wenn die Leidenschaft in Ihr Leben tritt, werden Sie bedauern, dass Sie es nicht früher gewagt haben, diese Verhaltensmuster zu durchbrechen.

Diejenigen, die einen Partner haben, werden im Laufe des Jahres davon profitieren, denn sie werden den Groll über Differenzen oder Fehler, die jeder von ihnen begangen hat, hinter sich lassen und ein positiveres Jahr der Romantik und Leidenschaft erleben. Natürlich wird es einige unwichtige Missverständnisse geben, die dem Paar Unbehagen bereiten, aber alles wird nach langen Gesprächen und Vereinbarungen, von denen beide Parteien profitieren werden, geklärt werden.

Wirtschaft

In diesem Jahr können Sie Ihre Wirtschaft konsolidieren und weitere Techniken in Ihrem Beruf erlernen, die Ihnen zum Erfolg verhelfen werden.

Wenn Sie auf der Suche nach einer Stelle sind, sollten Sie alle Ihre Möglichkeiten ausschöpfen, um eine Stelle zu finden, vielleicht erhalten Sie sogar eine Empfehlung von jemandem, den Sie kennen. Der beste Weg zum Erfolg ist, sich an Veränderungen anzupassen und Probleme zu lösen, ohne dabei die Geduld zu verlieren.

Dies ist ein Jahr des Überflusses, in dem Sie in der Lage sein werden, etwas Wertvolles zu kaufen, das Sie schon immer haben wollten, wahrscheinlich ein Haus oder in ein Unternehmen zu investieren. Einige der finanziellen Herausforderungen werden Sie durch Ihre Kreativität überwinden können.

Geldprobleme können gelöst werden, wenn Sie einen Haushaltsplan aufstellen und Wege finden, Ihre Mittel besser zu verwalten. Vielleicht bekommen Sie einen Bonus oder haben Glück beim Glücksspiel.

Vielleicht beschließen Sie, ein neues Auto zu kaufen, oder Sie erhalten Vorteile oder Chancen durch kurze Reisen, Nachrichten, E-Mails oder Kontakte mit Kollegen und Nachbarn. Halten Sie Ihre Augen offen für Gelegenheiten.

Familie

Sie werden für Ihre Familie unentbehrlich sein, und das wird eine Menge Zeit in Anspruch nehmen, die Sie vielleicht dem Vergnügen widmen könnten. Ihr Verantwortungsbewusstsein wird maximal gefordert sein, und Sie werden die Gelegenheit haben, ein Vorbild zu sein, was Sie gerne tun. Denken Sie daran, dass Ihre Familie wissen muss, dass sie sich auf Sie verlassen kann; wenn Sie distanziert sind und den Anschein von Überlegenheit erwecken, wird es schwierig werden.

Uranus durchquert Ihr Wohngebiet, und das kann Veränderungen in Ihrem Familienleben bedeuten. Vielleicht ziehen Sie auch in eine größere Wohnung um, wenn Jupiter Anfang Mai durch diesen Bereich läuft.

Während der Vollmondphasen werden Sie häusliche Projekte abschließen, aber vielleicht müssen Sie auch familiäre Probleme lösen.

Sie werden eine psychologische Metamorphose durchlaufen, und Sie werden Zeuge einer geistigen Erneuerung auf familiärer Ebene.

Wassermann Gesundheit

In diesem Jahr werden Sie feststellen, dass Sie sich in einigen Entscheidungen geirrt haben, lassen Sie sich deswegen nicht deprimieren. Sie müssen erwachsen werden, reifen, sich trauen, Ihren Lebensstil zu ändern und festere Entscheidungen zu treffen, um eine optimale Gesundheit zu erreichen.

Möglicherweise müssen Sie in den Operationssaal, aber das ist nur ein kleiner Eingriff, und Sie werden sich schnell erholen.

Sie müssen Ihren Organismus entschlacken und reinigen, Ihren Dickdarm, Ihren Magen und Ihre Gallenblase pflegen. Sie sollten zu einem Chiropraktiker gehen, um Ihre Knochen durch Fußreflexzonenmassage einstellen zu lassen. Yoga und Meditation werden Ihnen helfen, Ihren Körper körperlich und geistig auszugleichen.

Sie sollten mäßig Sex haben, Ihre Stunden schlafen und sich von Verantwortungen trennen.

Wichtige Termine

20.01. Sonne tritt in Wassermann ein.

21.01. Pluto tritt in den Wassermann ein.

02/ 09- Neumond in Wassermann

02/ 13- Mars tritt in den Wassermann ein

02/ 16- Venus tritt in den Wassermann ein

02.05. Rückläufiger Pluto im Wassermann

06/ 29- Saturn rückläufig in den Fischen

19.08. - Vollmond im Wassermann

11/ 19- Pluto tritt in den Wassermann ein

Monatliche Horoskope für Wassermann 2024

Januar 2024

In diesem Monat wird es Ihnen in der Liebe gut gehen. Wenn Sie ein Paar sind, werden Sie den Monat glücklich verbringen, indem Sie Ihre Ideen und Ihr Leben auf angenehme Weise teilen. Wenn Sie allein sind, ist es ein Monat, in dem Sie interessante Menschen in spirituellen Umgebungen treffen können. Sie werden sich wahrscheinlich in eine besondere Person verlieben und mit ihr ausgehen.

Sie treffen sich mit Ihren Freunden, um eine Reise zu organisieren, die vom letzten Jahr übriggeblieben ist. Sie haben schon lange darüber nachgedacht, eine Reise zu machen, und jetzt ist die Gelegenheit gekommen.

Sie arbeiten hart, aber das Geld, das hereinkommt, ist gering. Seien Sie geduldig, alles wird sich schon regeln.

Ihre Familie wird die Probleme überwinden und es wird eine ruhigere Atmosphäre in der Mitte des Monats herrschen. Sie werden sich entspannen können, alles wird seinen gewohnten Rhythmus einnehmen, und auch Sie werden Ihren Rhythmus finden können.

Ihre Gesundheit wird gut sein, Sie werden sich voller Energie fühlen. Es ist ein Monat, in dem Sie sich auf Ihr Wohlbefinden konzentrieren können, die perfekte Zeit, um abzunehmen, wenn Sie abnehmen wollen, sollten Sie eine Diät beginnen. Es ist auch eine gute Zeit, um schwanger zu werden.

Sie werden einen Monat erleben, in dem Sie über viele Dinge nachdenken werden, unter anderem über Ihre spirituellen Überzeugungen. Auch einige Erinnerungen an eine Vergangenheit, die du mit jemandem besonderen erlebt hast, werden zurückkehren. Es ist nicht notwendig, diese Erinnerungen loszulassen, da sie nichts Schädliches für deine Entwicklung symbolisieren.

Es ist wichtig, dass Sie aufmerksam sind und mit allen Sinnen erkennen, welche Verhaltensweisen Sie hinter sich lassen müssen.

Glückszahlen
7 - 8 - 22 - 26 - 35

Februar 2024

Ein Monat, in dem es in der Liebe gut läuft, schließlich ist es der Monat, in dem wir Liebe und Freundschaft feiern. Wenn Sie einen Partner haben, werden Sie Momente erleben, die Sie sehr glücklich machen werden. Wenn Sie allein sind, werden Sie wahrscheinlich aufhören, allein zu sein, weil jemand ganz Besonderes in Ihr Leben treten wird.

Sie werden einen Zustrom von Energien erhalten und sehr empfänglich für das andere Geschlecht sein. Du wirst anfangen, mit jemandem auszugehen, zu dem du eine starke Verbindung hast.

Auf dem Gebiet der Finanzen wird es Ihnen sehr gut gehen, denn Ihre Wirtschaft wird sich durch die Erhöhung Ihres Einkommens verändern. Sie werden anfangen, unerwartete Geldzuflüsse zu erhalten, die Ihnen die Möglichkeit bieten, neue und sehr wohlhabende Geschäfte zu machen.

Wenn Sie auf der Suche nach einem Job sind, werden Sie ihn wahrscheinlich in diesem Monat finden. Tatsache ist, dass Sie euphorisch sein werden, Sie mit so viel Geld zu sehen, und Sie werden auf den Kauf von Kleidung verbringen und sich selbst zu behandeln. Ihre Gesundheit wird ein wenig empfindlich sein, überanstrengen Sie sich nicht, ruhen Sie sich aus. Es ist ratsam, zum Arzt zu gehen. Am Ende des Monats ist Ihr Haus in Harmonie, es ist Zeit, sich zu entspannen und Ihre Ideen und Gefühle zu ordnen. Sie werden ein

Omen von einer Person erhalten, die die Fähigkeit zur Weissagung hat.

Glückszahlen

6 - 13 - 28 - 31 - 32

März 2024

In diesem Monat haben Sie die Ideen und Werkzeuge, die Sie brauchen, um in Ihrer Arbeit und bei den Zielen, die Sie sich gesetzt haben, weiter voranzukommen. Denke daran, dass alles, was du tust, ein weiterer Schritt zu deinen Gunsten ist, höre nie auf, das Endziel im Auge zu haben.

Sie lassen Gelegenheiten aus, eine Beziehung zu führen. Viele Menschen sind in dein Leben getreten und haben dir sehr gute Vorschläge gemacht. Du solltest anfangen, die Menschen so kennenzulernen, wie sie im Inneren sind, und nicht immer nur nach dem Image oder den oberflächlichen Dingen, die du an ihnen siehst.

In diesem Monat erhalten Sie eine hervorragende Nachricht: Sie haben so viel Engagement in Ihre Arbeit gesteckt, dass dies in den Augen Ihrer Chefs nicht unbemerkt geblieben ist. Für Ihre hervorragende Arbeit werden Sie für eine Fortbildungsreise ins Ausland ausgewählt. Diese Reise ist sehr wertvoll, denn Sie werden viele neue Kenntnisse und berufliche Kontakte gewinnen. Außerdem können Sie auf dieser Reise jemanden kennen lernen, mit dem Sie ein festes Paar bilden können, wenn Sie natürlich alleinstehend sind.

Wenn Sie schon lange in einer Beziehung sind und Ihrem Liebsten eine Lebensgemeinschaft vorschlagen, damit sich das Paar weiter festigen kann, wird er oder sie Ihnen eine Absage erteilen.

Glückszahlen
8 - 24 - 29 - 30 - 31

April 2024

Dieser Monat wird in der Liebe nicht sehr gut verlaufen. Es wird ein turbulenter Monat sein. Wenn du ein Paar bist, wird die Beziehung instabil sein und Tag und Nacht von Streitereien begleitet werden. Egal, wie sehr du dich bemühst, es wird nicht möglich sein, eine Einigung zu erzielen. Ihr macht eine Paarkrise durch. Einige Wassermänner werden die Beziehung zerbrechen. Nur solide Paare werden diesen Holocaust überleben.

Wenn Sie Single sind, werden Sie nicht in der Lage sein, mit dem anderen Geschlecht in Kontakt zu treten, und zu allem Übel werden Ihre Witze und Kommentare falsch interpretiert. Keine Sorge, nächsten Monat werden Sie es besser machen.

In der Mitte des Monats wird Ihr soziales Leben aktiv sein, einige Ihrer Freunde werden Probleme in ihrem Leben haben und Sie werden da sein, um ihnen zu helfen. Trotz Ihrer Intelligenz werden Sie von einigen ihrer Probleme schockiert sein. Es kann auch passieren, dass du dich über einen Freund aufregst und die Beziehung abbrichst.

Manche wechseln den Arbeitsplatz, weil sie sich nicht wertgeschätzt fühlen und mit ihren Arbeitskollegen und Vorgesetzten unzufrieden sind.

Sie werden sich instabil fühlen und das Bedürfnis haben, Ihren Lebensstil zu ändern. Sie müssen Ihre

Ernährung umstellen und sich mehr bewegen. Für Ihr Wohlbefinden ist es wichtig, dass Sie zu Bett gehen und die notwendigen Stunden schlafen.

Glückszahlen
2 - 16 - 19 - 20 - 28

Mai 2024

Es ist ein guter Monat, um zu überlegen, welche Zukunft Sie sich mit Ihrem Partner wünschen. Lassen Sie nicht zu, dass Ihr Bedürfnis, Geld anzuhäufen, Sie die Liebe vernachlässigen lässt.

Wenn Sie allein sind, kann die Person, zu der Sie sich hingezogen fühlen und mit der Sie ein Leben mit parallelen Erfahrungen und zu erfüllenden Träumen teilen, Ihr Seelenverwandter sein. Sagen Sie, was Sie fühlen, denn diese Person wird nie diesen Schritt machen.

Ihre Familie wird nervös sein und es wird viele Streitereien zu Hause geben. Einige elektrische Geräte werden kaputt gehen, Sie werden Pannen in Ihrem Haus haben. Einige Ihrer Angehörigen werden sich nicht wohl fühlen und Ihnen für Ihre Fürsorge danken. Sie verfügen über viel körperliche Kraft und können Ihre Ziele mit minimaler Anstrengung verwirklichen. Nutzen Sie das aus und konzentrieren Sie sich auf Ihre Bedürfnisse.

Sie haben einen starken Wunsch nach finanzieller Sicherheit, und der Wunsch, zu kontrollieren. Es ist Zeit, Ihre Bedürfnisse zu äußern, können Sie kommunizieren.

Wenn Sie kein Geld in Ihre Gesundheit und Ihr allgemeines Wohlbefinden investiert haben, haben Sie nichts zu bereuen, wenn Sie ein Problem haben, anstatt sich zu beschweren, fangen Sie an, das Problem anzugehen.

Glückszahlen
8 - 16 - 17 - 18 - 36

Juni 2024

Sie fühlen sich glücklich und fröhlich, wollen mit Ihren Freunden ausgehen und das Leben genießen. Allerdings geht es einigen Ihrer Freunde finanziell sehr schlecht und sie werden nicht mit Ihnen mithalten können, weil sie sich an ihre neuen Lebensumstände anpassen müssen.

Sie haben Ihre Vorstellungen davon, worauf Sie Ihre Karriere ausrichten wollen, also sollten Sie Ihre Ziele planen, jetzt können Sie Ihre Ziele erreichen und mit Leichtigkeit vorankommen. Sie werden ein ruhiges und entspanntes Familienumfeld haben. Jeder wird sich um seine Aufgaben kümmern und Sie werden entspannter sein. Nutzen Sie die Gelegenheit und teilen Sie sie in aller Ruhe mit Ihrem Partner, lassen Sie den täglichen Kampf hinter sich. Jeder Kämpfer hat sich eine Pause verdient.

Wenn Sie allein sind, müssen Sie der Person, die Sie interessiert, zeigen, wozu Sie fähig sind, wenn es um Liebe geht. Sie müssen bei der Arbeit und in der Wirtschaft mehr Verantwortung übernehmen. Lassen Sie die Dinge nicht chaotisch werden, denn Ihre Disziplin ist der Schlüssel, um einen Ausweg aus jedem Konflikt zu finden.

Bestehen Sie nicht auf der Methode, die Sie schon seit langem für Ihre Gesundheit anwenden. Wundermittel können nicht die Anstrengung ersetzen. Seien Sie sich Ihrer wirklichen Bedürfnisse bewusst.

Glückszahlen

5 - 6 - 7 - 8 - 24

Juli 2024

Wenn Sie einen Partner haben, müssen Sie diesen Monat sehr geduldig sein und darauf warten, dass Ihr Partner das schwierige Thema anspricht, mit dem Sie sich in den letzten Monaten beschäftigt haben. Wenn der Tag gekommen ist, beschweren Sie sich nicht und reagieren Sie nicht wütend. Für alles gibt es eine Erklärung, und sie ist unschuldiger, als Sie denken.

Wenn Sie keinen Partner haben und eine Nachricht geschrieben haben, die Sie sich nicht zu senden trauen, weil Sie denken, dass Ihre Versuche nicht beachtet werden, liegen Sie falsch. Sie sollten wissen, dass Ihre Nachricht erwartet wird.

In diesem Monat werden Sie ein großes Problem an Ihrem Arbeitsplatz ohne Schwierigkeiten lösen. Das wird zeigen, wie wichtig und intelligent Sie sind. Geben Sie, was nötig ist, und erwarten Sie die Belohnung, nach der Sie sich sehnen.

Sie haben Träume, die Sie mit anderen teilen wollen, eine Last auf Ihrer Seele, die Sie loslassen müssen. Erwägen Sie, eine Therapie zu machen,

Sie sind eines der klügsten Zeichen, wenn es um Geld geht. Du verstehst, wie interne Strukturen funktionieren, und es fällt dir leicht, Investitionspläne zu verwirklichen. Am Ende des Monats haben Sie die

Unterstützung des Universums, um nach Partnern für ein neues Unternehmen zu suchen.

Glückszahlen

10 - 14 - 23 - 24 - 33

August 2024

In diesem Monat sind Sie in einer ausgezeichneten Position, um einen wichtigen Schritt in Ihrem Leben zu tun. Mit so viel körperlicher Energie und Selbstvertrauen haben Sie das Zeug dazu, Ihre Ziele zu erreichen. Gelegenheiten kommen von allen Seiten auf dich zu, und dein starker Charakter ist bereit, zuzuschlagen, wenn sich Gelegenheiten ergeben.

Wenn Sie einen Partner haben, werden Sie sich sehr glücklich fühlen. Sie sind sehr verliebt, und Sie werden die Gelegenheit haben, das zu tun, was notwendig ist, um die Harmonie zu erhalten. Sie werden die Gelegenheit haben, eine romantische Reise zu unternehmen. Wenn Sie alleinstehend sind, werden Sie jemanden treffen, der Ihnen gefällt, und Sie werden sich mit dieser Person verabreden.

Ihr soziales Leben wird spärlich sein, aber der Kontakt mit Ihren Freunden wird kontinuierlich sein. Im Bereich Ihrer Freundschaften werden sich Veränderungen ergeben. Einige Dinge werden Sie dazu bringen, Ihre Werteskala zu überdenken, Ihre Sichtweise wird sich ändern, und Sie werden sehr philosophisch sein.

Wenn Sie Ihr Unternehmen haben, könnten Sie einige Ihrer Mitarbeiter durch geeignetere Personen ersetzen.

In diesem Monat wird bei Ihnen zu Hause viel los sein. Du musst anwesend sein, um an allem teilzunehmen, was passieren wird. Deine Familienmitglieder werden wichtige Probleme haben und du musst da sein, um sie zu beraten.

Glückszahlen
11 - 19 - 22 - 26 - 33

September 2024

Wenn Sie einen Partner haben, wird dies ein Monat sein, in dem die Arbeitsprobleme Ihrer Partnerin Ihr Eheleben beeinflussen werden. Sie werden sie beraten, damit sie aus dem Trott herauskommt. Wenn du Single bist, wirst du einen sehr aktiven Monat erleben, du könntest jemand Besonderen kennenlernen, der dir sehr gefallen wird.

Ihre Gesundheit wird regelmäßig sein, Sie werden gestresst sein. Sie werden wenig Energie für die Arbeit haben. Sie werden sich Zeit für die Erholung nehmen. Ein wenig tägliche Bewegung wird Ihnen guttun. Sie müssen Ihre Kräfte wiederfinden.

Zwischen Ihnen und Ihrem Chef kommt es zu einem kleinen Zwischenfall, der die latente Spannung zum Explodieren bringt. Nach dieser Diskussion werden Sie miteinander reden, und alles wird scheinbar in Ordnung sein. Es ist nicht klug für Sie, unter den Befehlen einer Person zu bleiben, mit der es Ihnen unmöglich sein wird, eine friedliche Beziehung zu haben. Die Planeten raten Ihnen, sich nach anderen Arbeitshorizonten umzusehen.

Bei den Finanzen wird es zu Komplikationen mit dem Personal kommen, das für Sie arbeitet.

Es liegt in Ihrer Verantwortung, das, was Sie zu sagen haben, behutsam zu sagen, aber wenn es um Ihr

Familienleben und Ihre Gefühle geht, ist es schwer, diese Art von Geduld aufzubringen.

Glückszahlen
15 - 18 - 22 - 24 - 31

Oktober 2024

Ihr soziales Leben wird aktiv sein, und Sie werden Ihre Freunde in Ihrer Nähe behalten. Du wirst mehr Zeit mit ihnen verbringen können, und das wird dir viel Freude bereiten. Du warst sehr mit deinen Pflichten beschäftigt und jetzt wirst du in der Lage sein, Spaß mit deinen Freunden zu haben.

Die Arbeit wird in diesem Monat nicht das Wichtigste sein. Alles wird in Ordnung sein, und du musst keine großen Entscheidungen treffen und keine Überstunden machen. Genießen Sie diese Ruhe und Unbeschwertheit, solange sie anhält.

Ihre Wirtschaft wird gut sein, und in diesem Monat werden Sie die Gelegenheit haben, ein Haus oder ein Auto zu kaufen. Sie kommen an den Punkt, an dem Sie sein wollen, lassen Sie sich von niemandem von diesem Zug abbringen, der Sie direkt zum Erfolg führt. Denken Sie daran, Ihre Ausgaben zu mäßigen, denn es könnten einige unvorhergesehene Ereignisse eintreten, mit denen Sie nicht gerechnet haben.

Ihre Gesundheit wird gut sein, aber Sie werden nicht so viel Energie haben wie sonst. Sie werden sich körperlich müde und niedergeschlagen fühlen. Sie sollten Vitamine zu sich nehmen und sich Zeit zum Ausruhen nehmen.

Wenn Sie in dieser Zeit ein Kind erwarten, vergessen Sie Ihre Sorgen, es ist eine wunderbare Zeit, und alles wird gut werden.

Glückszahlen
9 - 14 - 19 - 28 - 30

November 2024

Die Liebe wird in diesem Monat romantisch und glücklich sein. Wenn Sie einen Partner haben, werden Sie das Datum für die Hochzeit festlegen. Wenn Sie Single sind, werden Sie die Liebe Ihres Lebens treffen und sich tief verlieben.

Ihre Arbeit und Ihr Beruf werden weiterhin erfolgreich sein, während Sie sich in Ihrer neuen Position weiter etablieren. Sie fühlen sich immer besser und haben klare Vorstellungen davon, worauf Sie Ihre berufliche Zukunft ausrichten wollen.

Ihre Wirtschaft wird gut sein, Sie werden eine Gehaltserhöhung erhalten, Sie werden ein sehr gutes Gespür für Geschäfte und Investitionen haben. Wenn Sie Geld zu investieren haben, zögern Sie nicht, es zu tun. Das Geld wird in deinen Taschen tanzen. Deine Gesundheit wird gut sein, aber ein wenig Stress könnte auftauchen, du solltest dich ausruhen, wenn du es brauchst. Sie neigen dazu, zu glauben, dass Sie alles schaffen können, aber Sie irren sich. Sie befinden sich in einer anspruchsvollen Phase auf beruflicher Ebene, und das kann Ihnen zu schaffen machen.

Bevor Sie untreu werden, sprechen Sie mit Ihrem Partner und bitten Sie um Zeit. Das wird für Sie beide von Vorteil sein, weil Sie Ihre Gefühle klären können.

Wenn Sie feststellen, dass Sie einander lieben, können Sie dafür kämpfen, die Beziehung zu retten.

Glückszahlen

3 - 6 - 10 - 33 - 36

Dezember 2024

In diesem Monat werden Freunde und Spaß aktiv sein. Es wird ein Monat sein, in dem Sie an vielen sozialen Aktivitäten mit Ihren Freunden teilnehmen werden, Sie werden Abendessen organisieren und Sie werden sich zufrieden fühlen, die Freunde zu haben, die Sie haben.

Sie werden jemanden treffen, der Ihre Motivation und Ihren Wunsch, in Ihrem Beruf hervorragende Leistungen zu erbringen, wiederherstellen wird. Es ist wichtig, daran zu denken, dass Sie die Regeln in Ihrem Beruf nicht ändern werden, aber Sie können sich einen anderen Job suchen, bei dem Ihre Fähigkeiten geschätzt werden und nicht Freundschaft oder Beziehungen.

Wenn Sie im Geschäftsleben Vertrauen in Ihre Fähigkeiten und Ideen haben, wird es kein Hindernis geben, das Sie nicht überwinden können. Alle Umstände werden für Sie günstig sein, um das Ziel zu erreichen, das Sie schon seit einiger Zeit vor Augen haben. Mit diesem Projekt werden Sie endlich Ihre wirtschaftliche Situation verbessern.

Am Ende des Monats und des Jahres werden alle Streitereien und Auseinandersetzungen hinter sich gelassen, Sie werden ein sehr großes Verständnis und Verhältnis in Ihrer Beziehung zu Ihrem Partner erreichen. Suchen Sie nach Stabilität, Stärke und Harmonie.

Glückszahlen
8 - 14 - 23 - 27 - 33

Die Tarotkarten, eine rätselhafte und psychologische Welt.

Das Wort Tarot bedeutet "Königsweg", es ist eine jahrtausendealte Praxis, es ist nicht genau bekannt, wer die Kartenspiele im Allgemeinen und das Tarot im Besonderen erfunden hat; es gibt die unterschiedlichsten Hypothesen in diesem Sinne.

Einige sagen, dass sie in Atlantis oder Ägypten entstanden sind, andere wiederum glauben, dass die Tarots aus China oder Indien, aus dem alten Land der Zigeuner oder durch die Katharer nach Europa gekommen sind. Tatsache ist, dass Tarotkarten astrologische, alchemistische, esoterische und religiöse Symbolik destillieren, sowohl christliche als auch heidnische.

Wenn man bis vor kurzem das Wort "Tarot" erwähnte, stellten sich manche Leute einen Zigeuner vor, der in einem von Mystik umgebenen Raum vor *einer Kristallkugel sitzt, oder sie dachten an schwarze Magie oder Hexerei, aber das hat sich heute geändert.*

Diese uralte Technik hat sich der neuen Zeit angepasst, sie hat sich mit der Technologie verbunden, und viele junge Menschen interessieren sich sehr dafür.

Junge Menschen haben sich von der Religion abgekapselt, weil sie glauben, dass sie dort nicht die Lösung für ihre Bedürfnisse finden, sie haben die Dualität der Religion erkannt, etwas, das bei der Spiritualität nicht der Fall ist. Überall in den sozialen Netzwerken findet man Konten, die dem Studium und den Tarot-Lesungen gewidmet sind, da alles, was mit Esoterik zu tun hat, in Mode ist, in der Tat werden einige hierarchische Entscheidungen unter Berücksichtigung des Tarots oder der Astrologie getroffen.

Bemerkenswert ist, dass die Vorhersagen, die normalerweise mit dem Tarot zu tun haben, nicht die gefragtesten sind, sondern die, die mit Selbsterkenntnis und spiritueller Beratung zu tun haben, am meisten nachgefragt werden.

Das Tarot ist ein Orakel, durch seine Zeichnungen und Farben, stimulieren wir unsere psychische Sphäre, den innersten Teil, der über das Natürliche hinausgeht. Viele Menschen wenden sich an das Tarot als spirituelle oder psychologische

Führer, weil wir in unsicheren Zeiten leben, und dies drängt uns, Antworten in der Spiritualität zu suchen.

Es ist ein so mächtiges Werkzeug, das Ihnen konkret sagt, was in Ihrem Unterbewusstsein vor sich geht, so dass Sie es durch die Linse einer neuen Weisheit wahrnehmen können.

Carl Gustav Jung, der berühmte Psychologe, verwendete die Symbole der Tarotkarten in seinen psychologischen Studien. Er schuf die Theorie der Archetypen, in der er eine umfangreiche Summe von Bildern entdeckte, die in der analytischen Psychologie helfen.

Die Verwendung von Zeichnungen und Symbolen, die an ein tieferes Verständnis appellieren, wird in der Psychoanalyse häufig eingesetzt. Diese Allegorien sind ein Teil von uns und entsprechen den Symbolen unseres Unterbewusstseins und unseres Geistes.

Unser Unbewusstes hat dunkle Bereiche, und wenn wir visuelle Techniken verwenden, können wir verschiedene Teile davon erreichen und Elemente unserer Persönlichkeit enthüllen, die wir nicht kennen. Wenn Sie diese Botschaften durch die bildhafte Sprache des Tarots entschlüsseln können, können Sie wählen, welche Entscheidungen Sie im Leben treffen, um das Schicksal zu erschaffen, das Sie wirklich wollen.

Das Tarot mit seinen Symbolen lehrt uns, dass ein anderes Universum existiert, vor allem in der heutigen Zeit, in der alles so chaotisch ist und für alles eine logische Erklärung gesucht wird.

Der Magier, Tarotkarte für Wassermann 2024

Die Tarotkarte der Magier zeigt an, dass die Zeit für Sie gekommen ist, kreativ zu sein und mutig voranzugehen.

Es ist eine sehr positive Karte, da sie signalisiert, dass der Himmel mit Ihren Wünschen einverstanden ist.

Der Magier drängt dich, sofort zu handeln. Wunder können geschehen, wenn Sie bereit sind, Verantwortung zu übernehmen, und wenn Sie erkennen, dass Sie mächtig sind und Ihr Schicksal ändern können.

Sie haben alle Voraussetzungen, um weiterzumachen, Sie haben alle Elemente, um zu handeln, Sie haben das ganze Potenzial, die Möglichkeiten und die Werkzeuge.

Es ist wichtig, dass du in Liebesbeziehungen Integrität und Ehrlichkeit bewahrst. Der Magier erinnert dich daran, dass die Magie der Liebe täglich gegenwärtig ist.

Du kannst deine Wünsche durch deine mentale Kraft, Intelligenz und Geschicklichkeit manifestieren. Du wirst in der Lage sein, deine Träume und Projekte wahr werden zu lassen. Lassen Sie sich nicht ablenken.

Ihre Finanzen werden sich erweitern, eine Gelegenheit wird sich Ihnen bieten, die Ihnen mehr Geld einbringt, auch wenn es nicht so aussieht.

Die Ideen, die Sie haben, werden erfolgreich verwirklicht, wenn Sie Vertrauen in sich selbst haben. Alles, was mit Ihrer Arbeit und Ihrem Beruf zu tun hat, wird sich erheblich verbessern, und wenn Sie Arbeit suchen, werden Sie sie finden. Es kündigt auch Wachstum an und dass Sie ein eigenes Unternehmen haben werden.

Wenn Sie alleinstehend sind, werden Sie wahrscheinlich jemand Neues kennenlernen. Es ist ein gutes Jahr, um auszugehen und neue Leute kennenzulernen und um die Menschen zu vergessen, die dich in der Liebe verletzt haben.

Für diejenigen, die einen festen Partner haben, bedeutet dies, dass sich die Beziehung vertiefen wird, dass sie sich verpflichten werden und dass sie das Zusammensein als Paar genießen werden.

Runen des Jahres 2024

Runen sind eine Reihe von Symbolen, die ein Alphabet bilden. "Rune" bedeutet Geheimnis und symbolisiert das Geräusch, wenn ein Stein auf einen anderen trifft. Runen sind eine uralte visionäre und magische Methode.

Runen dienen nicht für exakte Vorhersagen, aber sie dienen dazu, Sie über ein zukünftiges Ereignis, ein Thema oder eine Entscheidung zu informieren.

Die Runen haben eine bestimmte Bedeutung für die Person, die es will, sondern auch einige Botschaft im Zusammenhang mit den Widrigkeiten, die im Leben entstehen.

Berkana, Rune des Wassermann 2024

Seien Sie bescheiden, geduldig und gerecht, stellen Sie Ihre Wünsche nicht über die Bedürfnisse anderer. Übe dich in Großzügigkeit.

Diese Rune steht im Zusammenhang mit Fruchtbarkeit und Geburt, entweder eines Babys oder emotionaler Einstellungen, wie z. B. Liebesbeziehungen.

Berkana wird auch mit Mutterschaft, dem familiären Umfeld und dem Beginn neuer Beziehungen in Verbindung gebracht.

Sie verheißt emotionale und körperliche Heilung; Sie können einen Zufluchtsort finden, um auf spirituelle Weise zur Ruhe zu kommen.

In Sachen Arbeit werden Sie einen Platz finden, der Ihnen wirtschaftliche Sicherheit bietet.

Diese Rune symbolisiert, dass die Projekte, die Sie haben, erfolgreich abgeschlossen werden. Um Ihre Finanzen zu verbessern, empfiehlt sie Ihnen, Kurse zu besuchen, die Ihnen das nötige Wissen vermitteln, um Ihr Unternehmen voranzubringen.

In diesem Jahr werden Sie eine ausgezeichnete Gesundheit haben. Es ist ratsam, dass Sie die Energie, die Sie in sich tragen, in körperliche Aktivitäten lenken, damit sie sich nicht in Ihnen ansammelt.

Bewegung und Sport im Freien, Spazierengehen oder Joggen und Schwimmen sind hervorragend geeignet.

Glückliche Farben

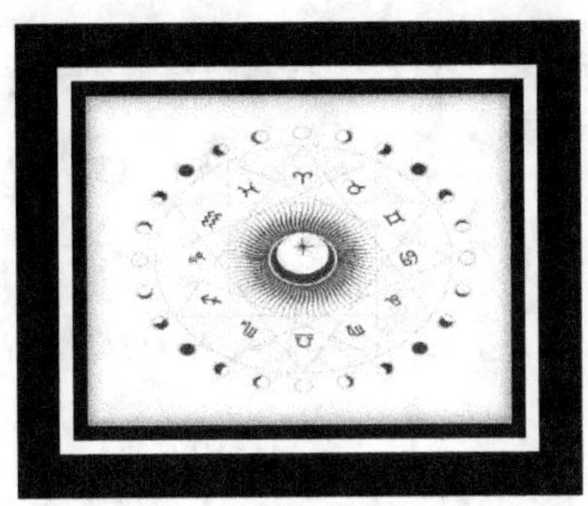

Farben haben eine psychologische Wirkung auf uns; sie beeinflussen unsere Wertschätzung von Dingen, unsere Meinung über etwas oder jemanden und können dazu dienen, unsere Entscheidungen zu beeinflussen.

Die Traditionen zur Begrüßung des neuen Jahres variieren von Land zu Land, und in der Nacht zum 31. Dezember ziehen wir Bilanz über all die positiven und negativen Dinge, die wir im zu Ende gehenden Jahr erlebt haben. Wir beginnen zu überlegen, was wir tun können, um unser Glück im neuen Jahr zu verbessern.

Es gibt mehrere Möglichkeiten, positive Energien zu uns zu ziehen, wenn wir das neue Jahr empfangen, und eine davon ist, Accessoires in einer bestimmten Farbe zu tragen, die das anzieht, was wir uns für den Beginn des Jahres wünschen.

Farben haben energetische Ladungen, die unser Leben beeinflussen, daher ist es immer ratsam, das

Jahr in einer Farbe zu beginnen, die die Energien dessen anzieht, was wir erreichen wollen.

Dafür gibt es Farben, die mit jedem Sternzeichen positiv schwingen. Die Empfehlung ist also, dass Sie die Kleidung mit dem Farbton tragen, der Sie im Jahr 2024 Wohlstand, Gesundheit und Liebe anziehen lässt. (Diese Farben können auch während des restlichen Jahres für wichtige Anlässe oder zur Verschönerung Ihrer Tage verwendet werden).

Denken Sie daran, dass es zwar üblich ist, rote Unterwäsche für die Leidenschaft, rosa für die Liebe und gelb oder Gold für den Reichtum zu tragen, dass es aber nie zu viel ist, die Farbe in unsere Kleidung aufzunehmen, die unserem Sternzeichen am meisten entspricht.

Wassermann

Ich weiß

Weiße Schlüsselwörter: *Licht, Güte, Reinheit, Optimismus, Vollkommenheit, Unschuld.*

Weiß ist die reinste Farbe von allen, sie steht für Reinheit.
Sie ist eine schützende Farbe, bringt Frieden und Trost, hilft zu reinigen und klärt Gefühle und Gedanken.

Wenn Sie Zeit und Raum in Ihrem Leben brauchen, weil Sie sich überfordert fühlen, ist Weiß die Farbe, die Sie frei fühlen und den Druck vergessen lässt.

Aus spiritueller Sicht ist Weiß ein Symbol für Heilung, Schutz, inneren Frieden, Ruhe und Unschuld.
Diese Farbe steht für göttliches Licht und geistige Klarheit.
Die weiße Farbe wird verwendet, um emotionale Blockaden zu heilen, da sie eine reinigende und regenerierende Wirkung auf Körper und Geist hat. Sie können damit Stress und Ängste abbauen und die Schlafqualität verbessern.

Glücksbringer

Wer besitzt nicht einen Glücksring, eine Kette, die nie abfällt, oder einen Gegenstand, den er für nichts auf der Welt hergeben würde? Wir alle schreiben bestimmten Gegenständen, die uns gehören, eine besondere Kraft zu, und dieser besondere Charakter, den sie für uns annehmen, macht sie zu magischen Gegenständen.

Damit ein Talisman wirken und die Umstände beeinflussen kann, muss sein Träger an ihn glauben, was ihn in ein wunderbares Objekt verwandelt, das in der Lage ist, alles zu erreichen, was von ihm verlangt wird.

In der Regel ist ein Amulett ein Gegenstand, der das Gute besänftigt, um Böses, Schaden, Krankheiten und Hexerei zu verhindern.

Amulette für Glück können Ihnen helfen, ein Jahr 2024 voller Segen in Ihrem Zuhause, bei der Arbeit, mit Ihrer Familie zu haben, Geld und

Gesundheit anzuziehen. Damit die Amulette richtig funktionieren, sollten Sie sie nicht an andere verleihen und immer zur Hand haben.

Amulette gab es in allen Kulturen und sie werden aus Elementen der Natur hergestellt, die als Katalysatoren für Energien dienen, die dazu beitragen, menschliche Wünsche zu erfüllen.

Dem Amulett wird die Macht zugesprochen, Übel, Zauber, Krankheiten und Katastrophen abzuwehren oder bösen Wünschen entgegenzuwirken, die durch die Augen anderer gewirkt werden.

Wassermann Amulett

Caravaca-Kreuz

Dies ist eines der ältesten Amulette und dasjenige, das den meisten Schutz bietet. Seine Symbolik ist sehr tief und liegt in seiner Geschichte, seinem Aussehen und seiner Form begründet.

Dieses Kreuz projiziert eine starke Schutzkraft, aus diesem Grund dient es als Schutz gegen die schlechten Energien, die um Sie herum existieren.

Seine Kraft wurde zum Schlüsselelement in Exorzismus-Ritualen, denn nur seine Anwesenheit kann jede dunkle Wesenheit vertreiben.

Dieses Amulett schützt Ihre Wirtschaft und schenkt Ihnen Wohlstand. Sie können es verwenden, um Ihren Partner zurückzubekommen, Ihre Arbeit zu verbessern und Ihr Leben auszugleichen, indem Sie Glück anziehen.

Glücksquarz

Wir alle fühlen uns zu Diamanten, Rubinen, Smaragden und Saphiren, also zu Edelsteinen, hingezogen. Halbedelsteine wie Karneol, Tigerauge, weißer Quarz und Lapislazuli werden ebenfalls sehr geschätzt, da sie schon seit Tausenden von Jahren als Schmuck und Machtsymbol verwendet werden.

Was viele nicht wissen, ist, dass sie nicht nur wegen ihrer Schönheit geschätzt wurden: Jede von ihnen hatte eine heilige Bedeutung, und ihre heilende Wirkung war ebenso wichtig wie ihr dekorativer Wert.

Die meisten Menschen kennen die bekanntesten Kristalle wie Amethyst, Malachit und Obsidian, aber heutzutage sind auch neue Kristalle wie Lari mär, Petalit und Phenakit bekannt geworden.

Ein Kristall ist ein fester Körper mit einer geometrisch regelmäßigen Form, Kristalle entstanden bei der Entstehung der Erde und haben sich im Laufe der Veränderungen auf dem Planeten immer weiter gewandelt, Kristalle sind die DNA der Erde, sie sind Miniaturspeicher, die die Entwicklung unseres Planeten über Millionen von Jahren enthalten.

Einige wurden enormem Druck ausgesetzt, andere wuchsen in tief unter der Erde vergrabenen

Kammern heran, wieder andere tröpfelten ins Leben. Unabhängig von ihrer Form kann ihre kristalline Struktur Energie absorbieren, bewahren, bündeln und ausstrahlen. Das Herzstück des Kristalls ist das Atom, seine Elektronen und Protonen. Das Atom ist dynamisch und besteht aus einer Reihe von Teilchen, die sich in ständiger Bewegung um das Zentrum drehen, so dass der Kristall, auch wenn er unbeweglich erscheint, eine lebendige Molekülmasse ist, die mit einer bestimmten Frequenz schwingt, was dem Kristall seine Energie verleiht.

Edelsteine waren früher ein königliches und priesterliches Vorrecht. Die Priester des Judentums trugen eine mit Edelsteinen besetzte Plakette auf der Brust, die weit mehr als ein Emblem zur Kennzeichnung ihrer Funktion war, denn sie übertrug Macht auf den Träger.

Seit der Steinzeit haben die Menschen Steine getragen, da sie eine Schutzfunktion hatten und ihre Träger vor verschiedenen Übeln bewahrten. Die heutigen Kristalle haben die gleiche Kraft, und wir können unseren Schmuck nicht nur nach ihrer äußeren Attraktivität auswählen. Sie in unserer Nähe zu haben, kann unsere Energie steigern (orangefarbener Karneol), den Raum um uns herum reinigen (Bernstein) oder Reichtum anziehen (Citrin).

Bestimmte Kristalle wie Rauchquarz und schwarzer Turmalin können Negativität absorbieren und strahlen eine reine und saubere Energie aus.

Wenn Sie einen schwarzen Turmalin um den Hals tragen, schützt er Sie vor elektromagnetischen Ausstrahlungen, auch von Mobiltelefonen. Ein Citrin zieht nicht nur Reichtum an, sondern hilft Ihnen auch, ihn zu behalten, stellen Sie ihn in den Reichtums Teil Ihrer Wohnung (die hintere linke Ecke, die am weitesten von der Eingangstür entfernt ist). Wenn Sie auf der Suche nach Liebe sind, können Kristalle Ihnen helfen. Stellen Sie einen Rosenquarz in die Beziehungsecke Ihrer Wohnung (die hintere rechte Ecke, die am weitesten von der Eingangstür entfernt ist), seine Wirkung ist so stark, dass Sie vielleicht einen Amethyst hinzufügen möchten, um die Anziehung auszugleichen.

Du kannst auch Rhodochrosit verwenden, die Liebe wird deinen Weg finden.

Einige Kristalle enthalten Mineralien, die für ihre therapeutischen Eigenschaften bekannt sind. Malachit hat eine hohe Konzentration an Kupfer, und das Tragen eines Malachit-Armbandes ermöglicht es dem Körper, minimale Mengen an Kupfer aufzunehmen.

Lapislazuli lindert Migräne, aber wenn die Kopfschmerzen durch Stress verursacht werden, lindern Amethyst, Bernstein oder Türkis oberhalb der Augenbrauen die Schmerzen.

Quarze und Mineralien sind Juwelen von Mutter Erde. Geben Sie sich die Gelegenheit und verbinden Sie sich mit der Magie, die sie ausstrahlen.

Glücksquarz für Wassermann 2024

Obsidian

Ein kraftvoller Schutzquarz. Es konsolidiert Energien und setzt dem Licht alle dunklen Aspekte einer Person. Erhöht die Anziehungskraft auf das andere Geschlecht und fördert den Frieden.

Es ist ein magischer und göttlicher Quarz. Er ist bekannt unter dem Namen schwarzer Samt, er ist großartig gegen Unsicherheit und mentale Blockaden, da er negative Energien absorbiert.

Es wird Ihnen die Kraft geben, Ihre Zweifel und dunklen Gedanken wahrzunehmen, die Probleme, die Sie abgelehnt haben, werden Sie unter Druck setzen, sie zu lösen, und Sie werden es auf eine ruhige Weise tun.

Mit diesem Stein können Sie jeder Situation mutig begegnen, er hält alle Arten von Negativität fern und wirkt wie ein Spiegel, in dem sich Ihre eigenen Unsicherheiten widerspiegeln.

Wassermann und Sternzeichen Kompatibilität

Wassermann

Wassermann, *symbolisiert durch den Wasserträger, der der Erde Leben gibt, ist ein ehrenvolles Luftzeichen.*

Er ist fortschrittlich und rebellisch und will die Ordnung aufrütteln. Der Wassermann glaubt an Gerechtigkeit und Fairness, und für diesen Denker ist alles sozial oder politisch. Er glaubt, dass jede Aktion eine Reaktion hat und dass alle seine Entscheidungen eine Moral widerspiegeln. Dieses im Herzen rebellische Luftzeichen verachtet Autoritäten und lehnt alles ab, was für Konventionalität steht.

Er glaubt fest daran, dass ein Perspektivwechsel das Gemeinwohl verbessert, und scheut sich nicht, ein paar Glocken zu läuten, wenn es um soziale Gerechtigkeit geht. Diese ungewöhnliche Lebensweise inspiriert seine Mitmenschen, und er beweist gerne, dass man immer große Träume haben kann. Wenn Sie bei einem Projekt auf eine Straßensperre gestoßen sind, hat der Wassermann die Lösung.

Der Wassermann wird von Uranus regiert, dem Planeten, der für Innovation, Technologie und einschneidende Ereignisse zuständig ist. Er hat ein Händchen für Fortschritt, weshalb er oft als das

Wunderkind des Tierkreises bezeichnet wird. Mit seiner Intelligenz und seinem Eifer für Veränderungen ist er der modernen Gesellschaft immer zwei Schritte voraus. Seine Sturheit ist seine Achillesferse.

Die Beharrlichkeit des Wassermanns hängt eindeutig mit seinen starken und gerechten Glaubenssätzen zusammen, und diese Eigenschaft wird unterdrückt, sobald er die Gelegenheit hat, positive Veränderungen zu verkünden. Da der Wassermann stets auf Gleichheit bedacht ist, wird er in Teams und Gemeinschaften von Gleichgesinnten arbeiten.

Der Wassermann braucht viel Raum, um nachzudenken, Ideen zu entwickeln und seine Rolle in dem zu planen, wofür er sich einsetzt, denn Freiheit, sowohl in der Theorie als auch in der Praxis, ist für dieses Zeichen sehr wichtig.

In der Tat ist jeder, der die Freiheit des Wassermanns in Frage stellt, sein Gegner. Sie sehen, es ist schwierig, eine Romanze mit dem Wassermann zu führen, da er sich auf die Gesellschaft konzentriert und nicht auf Smalltalk mit einer Person. Aber auch wenn er es nicht zugeben will, ist er ein heißblütiger Mensch, der auch Zuneigung braucht.

Da der Wassermann kein physisches Wesen ist, ist die Liebe ähnlich wie eine Freundschaft. Er liebt es, über den Tellerrand hinauszuschauen, daher ist seine Herangehensweise an die Partnersuche unkonventionell. Statt das traditionelle Dating, betrachten etwas, das seine persönlichen Interessen passt, aber auch daran denken, dass Wassermann denkt, dass jedes Interesse und Hobby sollte eine Person, die Ethik zu reflektieren, so sicher sein, um genau herauszufinden, was er genießt, bevor Sie irgendwelche Reservierungen.

Das Wichtigste, was man bei einer Beziehung mit einem Wassermann beachten sollte, ist, dass er viel persönlichen Freiraum braucht. Zeit für sich selbst ist für dieses Sternzeichen sehr wichtig, er wird sogar rebellieren, wenn er sich eingesperrt fühlt. Im Zweifelsfall sollten Sie sich zurückziehen und warten, bis der Wassermann zu Ihnen kommt. Denken Sie daran, dass er zwar distanziert ist, sich aber in Wahrheit sehr um Sie kümmert, er hat nur seine eigene Art, diese Gefühle auszudrücken.

Da der Wassermann exzentrisch ist, hasst er es, in eine Schublade gesteckt und kategorisiert zu werden, und ist besonders von Menschen begeistert, die einen unkonventionellen Stil haben und verschiedene Erscheinungsbilder miteinander kombinieren.

Mit seinem hoch erhobenen Kopf ist es kein Wunder, dass dieses Zeichen den Ruf hat, in intimen Beziehungen unnahbar zu sein. Doch obwohl es sich oft mehr mit abstrakten als mit fleischlichen Wünschen beschäftigt, sollte man sich nicht täuschen lassen, denn der Wassermann liebt das Vergnügen und weiß, was er will.

Stimulieren Sie Ihren Wassermann-Liebhaber, indem Sie die Rollen tauschen, mit verborgenen Wünschen experimentieren und neue Wege erforschen, Ihre individuelle Sexualität auszudrücken. Da der Wassermann technikaffin ist, werden die neuesten Vergnügungsgeräte ihn oder sie mehr anregen als Ihre Fantasien.

Obwohl es schwierig ist, sein Bedürfnis nach Freiheit mit den Bedürfnissen der Beziehung in Einklang zu bringen, versteht der Wassermann, wenn er sich bindet, dass alles eine Verhandlung ist. Im Grunde möchte er, dass die Dinge gerecht sind und nicht, dass seine Vorlieben die Beziehung dominieren. Wenn Sie also in einer Beziehung mit einem Wassermann sind, sollten Sie damit experimentieren, gemeinsam verschiedene Parameter zu schaffen.

Denken Sie daran, dass eine gelegentliche Trennung nicht zwangsläufig eine emotionale Distanz bedeutet; eine kleine Trennung trägt dazu bei, die Liebe und das Vertrauen zu vertiefen und den Grundstein für eine konkrete Beziehung zu legen.

Es ist auch wichtig zu bedenken, dass der Wassermann, auch wenn er seine Gefühle auf ungewöhnliche Weise ausdrückt, Gefühle hat, sein Bestes tut, um ein aufmerksamer und freundlicher

Partner zu sein, und auf Ihre Unterstützung angewiesen ist.

Wassermann und Widder *bilden eine interessante Partnerschaft, weil beide Zeichen im Takt ihrer eigenen Musik marschieren. Weder Wassermann noch Widder wollen sich durch gesellschaftliche Konventionen einschränken lassen und respektieren daher die Unabhängigkeit des anderen. Um das volle Potenzial dieser Beziehung auszuschöpfen, bedarf es möglicherweise einiger Anpassungen. Der Wassermann könnte durch das egozentrische Auftreten des Widders frustriert sein, und der Widder könnte sich durch die charakteristische Unnahbarkeit des Wassermanns nicht gewürdigt fühlen. Diese Beziehung wird von der Kommunikation profitieren, daher müssen beide Partner bereit sein, sich aufrichtig auszudrücken. Wenn beide sich immer wieder gegenseitig daran erinnern können, warum sie ineinander investieren, können sie eine gesunde Beziehung aufbauen.*

Wassermann und Stier *sind zweifellos die beiden starrköpfigsten Sternzeichen des Tierkreises. In der Tat können sich die beiden gegenseitig ausbremsen. Dem rebellischen Wassermann missfällt die Verehrung der Tradition durch den Stier, und der*

Stier fühlt sich von der strengen Moral des Wassermanns angegriffen. Wenn sich diese Zeichen zu einer Partnerschaft entschließen, müssen sie lernen, ihre Unterschiede zu schätzen, was für solch sture Zeichen kein leichtes Unterfangen ist. Der Wassermann kann jedoch lernen, die materielle Welt zu schätzen, während der Stier sich darin üben kann, toleranter gegenüber den unterschiedlichen Weltanschauungen des Wassermanns zu sein. Diese Beziehung wird nicht einfach sein, aber wenn die Liebe stark ist, können die beiden es schaffen.

Wassermann und Zwillinge *sind eine einzigartige Beziehung. Der Wassermann ist für seinen Humanismus bekannt. Dieses Luftelementzeichen hat Freude an allgemeinem Denken und ist motiviert durch soziale Arbeit, die den Fortschritt inspiriert. Als Luftgefährte bewundert der Zwilling den innovativen Geist des Wassermanns, der auch die Bühne für die Auftritte des geschwätzigen Zwillings bereitet. Wassermann genießt Zwillings fröhlichen Geist, und durch diese cleveren Mechanismen ist diese Beziehung wirklich enthusiastisch. Obwohl dieses Duo sich anstrengen muss, um auf dem Boden der Tatsachen zu bleiben, denn Luft ist reichlich vorhanden, investieren beide, wenn sie sich engagieren, ineinander und in das Wohl der gemeinsamen Menschheit.*

Wassermann und Krebs, *diese Beziehung ist nicht unmöglich, aber sie ist nicht die wahrscheinlichste. Der Krebs wird seine Freunde und seine Familie immer an die erste Stelle setzen, während der Wassermann die Gemeinschaft einfach nicht auf die gleiche Weise sieht. Für ihn geht es um das Wohl der ganzen Welt. Alles hat einen sozialen oder politischen Beigeschmack, deshalb ist er bereit, seine Komfortzone zu verlassen, um seinen Standpunkt zu beweisen.*

Das macht dem Krebs Angst, der sich nicht einmal vorstellen kann, seine Komfortzone absichtlich zu verlassen. Während sich der Krebs jedoch mehr auf seinen Nahbereich konzentriert, sind beide Zeichen innovative Intellektuelle mit herausragenden Ideen. Obwohl es schwierig sein kann, können Wassermann und Krebs mit dem richtigen Maß an Höflichkeit und Verständnis ihre Kräfte vereinen.

Wassermann und Löwe *sind ein großartiges Paar. Der Wassermann hilft, Leos Ego zu dämpfen, und der Löwe zeigt dem Wassermann, dass es in Ordnung ist, manchmal ein wenig Glamour in seine Welt zu bringen.*

Da der Löwe die Führungspersönlichkeit und der Wassermann die Menschen symbolisiert, verfügt dieses Paar über ein umfassendes Verständnis für komplexe soziale Systeme. Allerdings ist der Löwe mit dem Herzen dabei und der Wassermann mit dem

Verstand. Dies ist eine äußerst wichtige Unterscheidung, denn die für den Wassermann charakteristische Distanziertheit kann den Stolz des Löwen bedrohen.

Wenn die beiden einen Mittelweg finden können - der Wassermann ist etwas liebevoller und der Löwe etwas weniger theatralisch -, können sie ein Verhältnis schaffen, das eine dauerhafte Beziehung ermöglicht.

Wassermann und Jungfrau, *haben Unterschiede, Luftzeichen sind von der Abstraktion inspiriert, während Erdzeichen von der Realität angeregt werden, aber interessanterweise eine ideale Beziehung schaffen. Die Jungfrau hilft dem Wassermann, die Nuancen zu verstehen, während der Wassermann die Jungfrau ermutigt, das große Ganze zu erkunden. Das tiefgreifende Problem, das diese beiden Zeichen zu bewältigen haben, ist ihr unterschiedliches Verhältnis zu Autoritäten. Während die Jungfrau es hasst, die Regeln zu brechen, lebt der Wassermann für die Gelegenheit, das Bestehende in Frage zu stellen. Wenn beide jedoch lernen, die Perspektive des anderen zu verstehen, können sie eine besondere Beziehung aufbauen.*

Wassermann und Waage *sind sich in vielen Punkten einig. Wenn sich diese beiden Luftzeichen* zusammentun, ist es schwer zu sagen, ob sie sich für Sex, Liebe oder sozialen Status zusammentun. Obwohl der Wassermann niemals akzeptieren wird, dass er opportunistisch ist, sind sich beide Zeichen ihrer sozialen Beziehungen bewusst. Die Waage sehnt sich danach, gemocht zu werden, und der Wassermann will beweisen, dass seine Ansichten die richtigen sind. Auch wenn Wassermann und Waage sich mühelos verstehen, müssen beide darauf achten, dass sie aus dem richtigen Grund in die Beziehung investieren. Andernfalls wird diese Verbindung wahrscheinlich verblassen.

Wassermann und Skorpion können eine unzerstörbare Beziehung eingehen. **Der** Skorpion wird mit Sex assoziiert, der Wassermann hingegen ist nicht so lüstern. Es ist nicht so, dass der Wassermann der Sexualität ablehnend gegenübersteht, der Wasserträger bringt sein Blut in Wallung, es ist nur so, dass er einen ganz anderen Zugang zur Erotik hat. Der Wassermann ist an Erfahrungen interessiert, während es dem Skorpion um die Kunst der Verführung geht. Diese Ungleichheit zeigt die Spannung zwischen diesen beiden Zeichen an, sie haben einfach völlig unterschiedliche Wege. Wenn sie jedoch lernen können, zusammenzuarbeiten und in ihre Leidenschaft und gegenseitige Anziehung zu investieren, ist eine Beziehung möglich.

Wassermann und Schütze *sind eine harmonische Beziehung. Sie werden durch Luft bzw. Feuer symbolisiert und bilden eine aufregende Verbindung. Der Wassermann inspiriert den Schützen, seine Liebe zur Philosophie mit sozialer Gerechtigkeit zu verbinden, während der Schütze den Wassermann dazu anregt, sozialer zu sein. Zusammen haben diese beiden Zeichen alle Zutaten für ein äußerst erfolgreiches Paar. Um eine romantische Beziehung aufrechtzuerhalten, müssen sie jedoch sicherstellen, dass sie auch Zeit miteinander verbringen. Keines der beiden Zeichen ist speziell durch die Beziehung motiviert, so dass es für sie schwierig sein kann, eine dauerhafte Verbindung einzugehen. Aber wenn sie bereit sind, ihre Unruhe in der Menge mit gelegentlichen Zärtlichkeiten zu besänftigen, wird es sich lohnen.*

Wassermann und Steinbock *können viele Probleme bei der Aufrechterhaltung einer Beziehung haben. Der logische und gierige Steinbock ist im Hier und Jetzt verwurzelt, d.h. in seinen beruflichen Aufgaben. Der Wassermann hingegen lebt im Abstrakten, sucht nach innovativen Ideen und einzigartigen intellektuellen Möglichkeiten, die sich oft gegen etablierte Systeme richten. Da der Wassermann daran arbeitet, die Strukturen aufzubrechen, die der Steinbock mit viel*

Mühe geschaffen hat, wird es zu Spannungen zwischen den beiden Zeichen kommen. Glücklicherweise gibt es auch viel, was Steinbock und Wassermann voneinander lernen können. Diese geborenen Führungspersönlichkeiten können schätzen lernen, was der andere zu bieten hat. Es braucht nur ein wenig Geduld. Irgendwie kann der Wassermann sich verlieben, ohne dass es eine irdische Grundlage gibt. Allerdings könnten diese beiden Schwierigkeiten haben, eine dauerhafte Beziehung aufzubauen.

Wassermann und Wassermann, *das ist eine schwierige Beziehung, buchstäblich fast unmöglich, denn für sie ist es eine Herausforderung, verankert zu bleiben. Der Wassermann hasst es, eingeengt zu sein, was in einer festen Beziehung schwierig sein kann. Je nach den persönlichen Vorlieben braucht eines oder beide Zeichen jemanden, der ein wenig realistischer ist. Die gute Nachricht ist, dass sie sich von der Exzentrik des anderen ernähren können und dass jeder die charakteristische Wassermann-Sensibilität des anderen versteht, die von anderen Menschen oft missverstanden wird.*

Wassermann und Fische *können sich gegenseitig befriedigen. Während der Wassermann den Tag mit dem Verfassen von Erlassen verbringt, schreibt der*

Fisch lieber Gedichte. Doch trotz ihrer unterschiedlichen Ausdrucksweisen sind sowohl Wassermann als auch Fische Menschenfreunde, die eine Situation sehen und sofort fragen, was man dagegen tun kann. Die intellektuelle Herangehensweise des Wassermanns ist zwar bewundernswert, aber den intuitiven Fischen, die in erster Linie von Gefühlen geleitet werden, fremd. Ebenso ist die sanfte Berührung der Fische außergewöhnlich für den Wassermann, der sich mit Freiheit durchs Leben bewegt. In dieser Beziehung beginnt das Spiel stark, aber jeder Partner muss hart arbeiten, um die kategorischen Bedürfnisse des anderen zu erfüllen. Der Wassermann braucht die Fische, um sich inspirieren zu lassen, während die Fische den Wassermann brauchen, um zu zeigen, dass er sich kümmert.

Wassermann und Berufung

Der Wassermann ist ein charmantes, hilfsbereites und mitfühlendes Zeichen. Es ist eines der intelligentesten und logischsten Zeichen.

Sie sind vertrauensvoll, und Sie können ihnen vertrauen. Sie lieben es, ihre Erfahrungen zu teilen.

Beste Berufe

Wassermann ist das Zeichen der Visionäre, die zu unkonventionellen Tätigkeiten neigen. Sie brauchen Freiheit und Bewegung. Sie geben sich nicht damit zufrieden, Dinge auf die gleiche Art und Weise zu tun, und sind daher immer auf der Suche nach einem neuen Ansatz. Kunst, Design, Computer, Astrologie, Technik und Malerei.

Zeichen, mit denen man keine Geschäfte machen sollte

Stier, Krebs und Skorpion. Diese Zeichen sind nicht kompatibel und können dazu führen, dass der Wassermann eine Menge Geld verliert, wenn er mit ihnen Investitionen tätigt.

Zeichen, die in Verbindung gebracht werden mit

Sie haben eine sehr gute Beziehung zu Zwillingen, Jungfrauen, Waagen und Steinböcken. Sie sind gut für langfristige Investitionen und haben ein Auge für ein erfolgreiches Geschäft.

Geld-Rituale

Ritual für Fülle mit einem Pentagramm.

Sie benötigen:

- 1 gelbe Karte

- Goldene Tinte

- Ätherisches Rosmarinöl

- 1 Bürste

- *Feines Meersalz*

- *Ausgekratzte Orangenschale*

- *Schwarzes Salz*

- *Pergamentpapier*

- *1 goldene Kerze*

- *Orangen- oder Apfelkerne*

Das Ritual ist am effektivsten, wenn Sie es an einem Donnerstag, Freitag oder Sonntag zur Zeit der Sonne durchführen.

Lege ein Stück gelben Karton auf einen Tisch und zeichne das Pentagramm mit der goldenen Tinte. Geben Sie das Rosmarinöl auf die Sternzeichnung. Mischen Sie das Meersalz mit der geriebenen Orangenschale und geben Sie es auf das Rosmarinöl.

Lege das schwarze Salz auf die fünf Punkte des Sterns. Schreibe das Wort Wohlstand auf die Kerze und deinen vollen Namen, zünde sie an und stelle sie in die Mitte des Pentagramms. Wenn die Kerze ausgebrannt ist, solltest du alles vergraben. Obenauf säen Sie einen Orangen- oder Apfelsamen. Am 11. Tag eines jeden Monats gießt du sie mit Wasser und Zimtpulver.

Ritual, um mehr Geld zu erhalten.

Sie benötigen:

- 7 Steingutbehälter mit Deckeln

- 1 Messerspitze Honig

- 7 gold-, silber- oder bronzefarbene Münzen

- 1 goldene Kerze

- 1 gelbe Kerze

- 1 grüne Kerze

- 1 blaue Kerze

- 1 violette Kerze

- 7 goldene Bänder

- Lavendel-Weihrauch

- Minzblätter

Um wirksam zu sein, muss das Ritual an einem Sonntag zur Zeit des Planeten Venus durchgeführt werden.

Zünde den Lavendelweihrauch und alle Kerzen an. Lege eine Münze und ein Minzblatt in jedes Tongefäß.

Gießen Sie den Honig über die Münzen und das Wachs jeder Kerze. Binde ein Band an jeden Behälter und verteile sie dann in deinem Haus an Orten, an denen sie niemand öffnen wird.

Während Sie dieses Ritual durchführen, wiederholen Sie in Ihrem Geist Ihre Wohlstandsdekrete.

Ritual mit Lorbeer und Knoblauch, um Geld anzuziehen.

Sie benötigen:

- 1 kleine Glasflasche mit Korken

- 7 Knoblauchzehen

- 7 Lorbeerblätter

- 7 Weinrautenblätter

- 1 goldene Kerze

- 1 grüne Kerze

- Zimt-Weihrauch

- 1 weißer Quarz

- Regenwasser oder Vollmondwasser

- 1 Trichter

- Jupiter Quadrat

Jupiter Quadrat.

Zünde den Zimtweihrauch und die Kerzen an. Dann gieße etwas Regenwasser oder Mondwasser in die Flasche, weißen Quarz, Knoblauch, Weinrautenblätter und Lorbeerblätter.

Verschließen Sie die Flasche und versiegeln Sie sie mit dem Wachs der goldenen Kerze. Wiederhole im Geiste: "Knoblauch, Raute und Quarz halten alle negativen Schwingungen von mir fern, der Lorbeer zieht die Fülle in mein Leben". Lassen Sie die Flasche auf dem Jupiter-Quadrat neben den beiden Kerzen stehen, bis die Kerzen verbrannt sind. Verstecken Sie sie dann unter Ihrem Bett und verbrennen Sie das Quadrat.

Beutel voll mit Zaubern.

Dieses Ritual ist am effektivsten, wenn Sie es an einem Dienstag zur Zeit des Planeten Venus oder an einem Donnerstag zur Zeit der Sonne durchführen.

Sie benötigen:

- 1 kleines goldenes Säckchen

- 1 grüne Kerze

- 2 Münzen

- 1 Banknote als gesetzliches Zahlungsmittel

- 1 Goldstück

- 1 kleines Stück Blech

- 1 Locke Ihres Haares

- Weizenkörner, Reis, Kichererbsen und Linsen

- 1 getrocknetes Rosmarinblatt

- 1 Metallplatte

- 1 grüne Schleife

- Jupiters Pentagramm #7 auf einem Blatt Papier (Sie finden es am Ende des Buches).

Legen Sie die Rosmarinblätter auf die Metallplatte, stellen Sie die grüne Kerze darauf und zünden Sie sie an. Auf die Rückseite des Papiers mit dem Pentagramm schreibst du alle deine Wünsche für Wohlstand und Fülle. In den Beutel steckst du die Münzen, den Geldschein, das Gold, die Dose, den Weizen, den Reis, die Kichererbsen, die Linsen und das Pentagramm des Jupiters. Du verschließt es und bindest das grüne Band daran, dann führst du es durch den Rauch, der von der Kerze ausgeht. Wenn die Kerze ausgebrannt ist, legst du den Beutel unter die Matratze. Wenn du willst, nimmst du sie einmal im Monat heraus und bewahrst sie in deiner Brieftasche oder Tasche auf.

Geldritual zum Hauskauf.

Dieses Ritual ist am effektivsten, wenn Sie es an einem Sonntag, Donnerstag oder Freitag zur Zeit der Sonne durchführen.

Sie benötigen:

- 1 Steingutbehälter mit Deckel

- 1 gelbes Band

- 1 goldenes Band

- Sand

- 1 Münze

- Sandelholz-Weihrauch

- 1 goldene Kerze in Pyramidenform

- 4 Schnecken

- 4 Orangenblätter (Früchte)

Binde die Bänder an das Tongefäß, lege dann die Orangenblätter, die Münze und die Schnecken hinein und bedecke es mit Sand.

Stellen Sie die Kerze in die Mitte, auf den Sand, und zünden Sie sie zusammen mit dem Weihrauch an.

Wenn die Kerze ausgebrannt ist, decken Sie den Behälter ab und stellen Sie ihn in die Nähe der Wohlstandsecke Ihres Hauses.

Ritual zur Beschleunigung des Verkaufs eines Hauses.

Sie benötigen:

- 1 Hausschlüssel

 -1 orangefarbene Schleife

- Saturns Pentagramm #3

- 1 grüne Kerze

- 1 weiße Vogelfeder

Sie müssen dieses Ritual während der Stunden des Planeten Jupiter, Venus oder Saturn durchführen, aber in der Nacht. Es ist wichtig, dass die Immobilie bereits zum Verkauf steht.

Sie zünden die grüne Kerze an und stellen sie auf das Saturn-Pentagramm.

Sie stecken das Band in das Schlüsselloch, machen fünf Knoten und binden die weiße Feder an die Enden.

Du stellst es vor die Kerze und wiederholst laut: "Ich habe beschlossen, im Überfluss zu leben, ich bin ein Gewinner, ich wurde geboren, um Erfolg zu haben und auch um zu gewinnen. Ich bin ein Unternehmer und beanspruche den Teil des Reichtums, der mir zusteht.

Dieses Haus ist bereits verkauft. Wenn die Kerze ausgebrannt ist, vergräbst du alles in deinem Garten oder in einem Park.

Ritual mit Knoblauch und Sonnenblume für Wohlstand

Sie benötigen:

- 21 Knoblauchzehen

- 21 Sonnenblumenkerne

- Metallbehälter

- 21 getrocknete Weinrautenblätter

Legen Sie die getrockneten Rautenblätter auf einen Metallteller, zünden Sie sie mit einem Streichholz an und verteilen Sie sie in den Ecken Ihres Hauses.

In dieselbe Schüssel geben Sie dann den Knoblauch und die Sonnenblumenkerne. Stellen Sie diesen Teller hoch oben in die Küche Ihres Hauses. Sie können das Ritual wiederholen, wenn die Knoblauchzehen verrotten.

Die besten Länder und Städte zum Leben

Länder: *Russland, Vereinigtes Königreich, Finnland, Schweden, Äthiopien, Algerien, Argentinien, Australien, Frankreich, Litauen und Iran.*

Die Städte: *Moskau, St. Petersburg, Helsinki, Bremen, Hamburg, Singapur, Belgrad, Moskau, Salzburg, Trient.*

Räucherstäbchen und ätherische Öle für Geld

Ätherisches Rosmarinöl und Rosmarin-Weihrauch. Diese Essenz reinigt die Energie und schützt die Bewohner. Rosmarin wird verwendet, um das Gedächtnis zu erhöhen, so ist es empfehlenswert, es in Büros zu platzieren.

Pflanzen für Geld

Lavendel: Diese Pflanze wird als Hauptelement in Ritualen verwendet, um Geld anzuziehen und Unglück mit Geld zu vertreiben.

Quarz für Geld

Pyrit: *seit der Antike bekannt als "Narrengold" wegen seiner Ähnlichkeit mit diesem Edelmetall. Pyrit zieht Geschäft, Arbeitsplätze, Chancen für Erfolg, wirtschaftliche Stabilität, viel Glück im Glücksspiel und in den Kauf von Immobilien.*

Es ist ratsam, ihn an den Ort zu legen, an dem das Geld aufbewahrt wird, oder in den Reichtum zu Hause oder in Ihrem Büro, um den Wohlstand zu vermehren.

Ein weiterer gängiger Ort ist in der Brieftasche, speziell in der Tasche oder Fach für Münzen.

Nur der Besitzer sollte diesen Stein berühren.

Geld-Anhänger

Die Pentakel des Jupiters, die Ihnen Wohlstand garantieren.

Pentakel sind magische Figuren, die in der Lage sind, positive Energien an ihre Umgebung weiterzugeben. Die Wirkung der Jupiter-Pentakel ergibt sich aus der Kombination von Buchstaben, Zeichen und nützlichen Formeln, sie symbolisieren grafisch und mystisch einen Wunsch.

Sie wirken eindeutig auf die Psyche der Menschen, die mit ihm in Sichtkontakt stehen.

Die umfangreichste Zusammenstellung von Pentakel findet sich in The Claviculae of King Solomon, einem Band der hohen Magie, der diesem biblischen König zugeschrieben wird.

Darin befinden sich 36 Pentakel, die verschiedenen Aufgaben haben, darunter auch die sieben Pentakel des Jupiters.

Pentakel für Wohlstand.

Der Zweck dieser Pentakel ist es, für Fülle zu sorgen, Konflikte im Zusammenhang mit der Arbeit zu lösen und dabei zu helfen, alle Arten von Vorteilen, die größeren Wohlstand garantieren, direkter zu erhalten.

Jupiter, der so genannte große Wohltäter in der Astrologie, ist ein Planet, der mit Expansion, Optimismus, Verbindungen zu mächtigen Menschen und der Fähigkeit, Glück zu machen, in Verbindung gebracht wird.

Du solltest sie mit großer Konzentration und mit der Absicht zeichnen, dass sie deinen Willen manifestieren. Das am besten geeignete Material ist ein Stück Pergament.

Sobald sie fertig sind, sollten sie an einer gut sichtbaren Stelle aufgehängt werden, z. B. an der Kasse oder in der Brieftasche (Sie können sie auch ausdrucken).

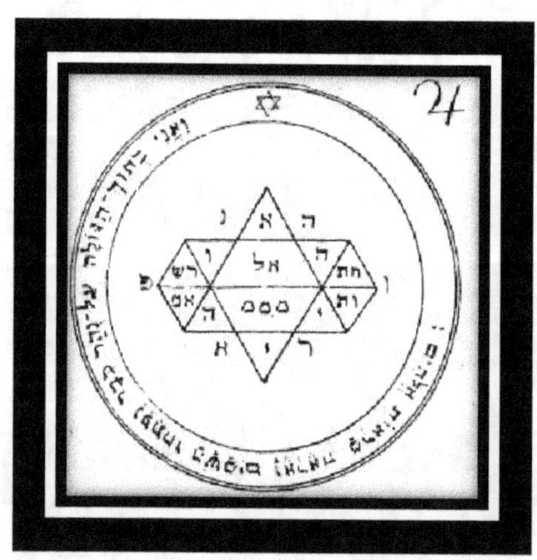

Affirmationen, um Geld zu erhalten

Sie sollten diese Dekrete 21 Tage lang ausführen, damit Sie die Ergebnisse sehen können, wenn möglich dreimal täglich. Wenn du sie laut wiederholst, werden sie noch kraftvoller sein.

- *Ich beschließe heute, ein Leben im Überfluss zu haben, mit Erfolg, Liebe und Glück. Ich beschließe, alles Gute zu haben, egal wie groß es ist. Ich denke an Erfolg und Reichtum.*
- *Meine magnetische Schwingung zieht Wohlbefinden in mein Leben und alles um mich herum an. Ich glaube an die Kraft der Anziehung.*

Ferien

Urlaub ist sowohl körperlich als auch geistig gesund. Es ist erwiesen, dass ein Urlaub das Stressniveau senkt und das Immunsystem stärkt. Manchmal verursacht die Urlaubsplanung Stress, weil es unendlich viele Möglichkeiten gibt und die Entscheidung zu einer Schimäre haften Aufgabe wird.

Mit Hilfe der Astrologie lässt sich aus dem Verständnis Ihrer Persönlichkeit der ideale Urlaubsort für Sie ableiten.

***Widder**, ein All-inclusive-Resort mit sportlichen Aktivitäten im Freien an einem warmen Ort wie Punta Cana, Cancún oder den Turks- und Caicosinseln wäre ideal. Australien ist ein aufregendes Land, das eine Fülle von Emotionen bietet, die Ihr Herz höherschlagen lassen.*

***Stier**, ein Aufenthalt in einem luxuriösen Resort auf den Cayman-Inseln oder ein luxuriöser Urlaub in Dubai, in einem Hotel, das alle Annehmlichkeiten bietet, wird sehr verlockend sein. Italien ist ein perfektes Land, denn dort finden Sie alles, wovon Sie schon immer geträumt haben: Liebe, Charme, Luxus, wunderbares Essen und erstklassige Weine.*

Zwillinge *lieben es, sich intellektuell zu beschäftigen. Reisen mit geführten Ausflügen wie eine Safari in Afrika oder die Erforschung der Tierwelt auf den Galapagos-Inseln bieten dem Tierkreis-Kommunikator ein luxuriöses Erlebnis.*

Krebs, *Kurztrips, umgeben von Familie und Freunden. Disney World, die Attraktionen und das vielfältige Angebot an Speisen sind eine Möglichkeit. In Orlando, Florida, gibt es mehrere fantastische Hotels und Resorts, jedes mit einem einzigartigen und faszinierenden Thema.*

Ein Aufenthalt in einem Bungalow über dem Meer in Tahiti ist für dieses Sternzeichen fantastisch. Eine andere luxuriöse Alternative, die der Löwe liebt, wäre eine private tropische Insel auf den Malediven, den Fidschi-Inseln oder den Jungferninseln zu mieten.

Jungfrau, *Italien ist Ihre beste Wahl. Dieses Land wird Sie gut beschäftigen. Als Erdzeichen sind Sie mit der Welt um Sie herum verbunden. Orte wie La Romana in der Dominikanischen Republik, Puerto Viejo in Costa Rica und Belo Horizonte in Brasilien werden Ihnen Leben einhauchen.*

Waage, *ziehe Städte mit Museen vor. Ein Urlaub in den Tropen ist für die Waage nicht so befriedigend wie eine Besichtigung des Louvre in Paris, des Akropolis-Museums in Athen, Griechenland, des Prado-Museums in Madrid, Spanien oder der Uffizien in Florenz, Italien.*

Skorpion, *verbringen Sie ein paar Tage an einem abgelegenen Strand mit Alkohol und Massagen. In Griechenland, Bali, St. Martin oder Hawaii finden Sie all diese Annehmlichkeiten. Der Besuch von Kulturstätten in der Nähe Ihres Luxushotels wäre eine außergewöhnliche Kombination aus Tropen- und Kultururlaub. Mykonos und Roda in Griechenland sind perfekte Reiseziele.*

Schütze, *erkunde den Jakobsweg, ein Netz sehr unterschiedlicher Wege, die alle zur Stadt Santiago de Compostela führen. Jeder Weg hat seine Geschichte, sein Erbe und seine Magie. Der Schütze ist ein Reisender, der sich nach neuen Erfahrungen sehnt. In Irland werden Sie alles finden, was Sie suchen.*

Steinbock, *ein zielorientiertes Zeichen. Ferien, in denen Sie neue Geschäftsbeziehungen knüpfen können. China wäre spektakulär. Steinbock hat einen Sinn für* historische Werte, den andere Zeichen nicht haben. In Ländern wie Israel und Ägypten, in denen die Geschichte präsent ist, werden Sie sich zu Hause fühlen.

Der Wassermann liebt neue Ideen, unbekannte Orte und neue Beziehungen. Ein fantastisches Land, das man besuchen könnte, wäre Japan, nicht nur wegen seiner faszinierenden Geschichte und Kultur, sondern weil jede seiner Regionen etwas anderes zu bieten hat.

Fische, ein Wasserzeichen, das sich über tropische Urlaube freut. Ein Hotel direkt am Strand wäre ideal. Die Insel "La Dique" in der Republik der Seychellen, vielleicht der schönste Strand der Welt, wird ein sicherer Erfolg sein. Fische haben eine ruhige Lebenseinstellung und werden von Neptun regiert, was Sie zu einem kreativen Denker macht. Schweden ist ein Land, das er besuchen sollte, weil er dort eine Kultur vorfindet, die so innovativ ist wie er selbst.

Wer ist dein Seelenverwandter nach deinem Sternzeichen?

Wenn wir den Begriff "Seelenverwandte" hören, denken wir in der Regel an die Mitglieder eines Paares, d. h. an jemanden, mit dem man eine starke gefühlsmäßige und sexuelle Verbindung hat. Echte Seelenverwandte haben jedoch nicht immer eine solche Beziehung zueinander und sind oft nicht einmal an dem sexuellen Aspekt einer Beziehung interessiert.

Ihr Seelenverwandter kann nicht nur Ihr Partner sein, sondern auch Ihre Eltern, Freunde, Kinder, Großeltern, Ihr Chef oder Ihre Schwester.

Aus astrologischer Sicht und in Anbetracht der Tatsache, dass die Lektionen, die wir lernen müssen, bevor wir die nächste spirituelle Ebene erreichen, diejenigen sind, die die Art der affektiven Beziehungen bestimmen, die wir heute im Leben entwickeln müssen, können wir sagen, dass Krebs und Fische Seelenverwandte des Widders sind.

Mit Krebs und Fische kann der Widder sich nicht nur besser konzentrieren und Konflikte gewaltfrei lösen, sondern auch Empathie entwickeln, d. h. die Fähigkeit, sich in den anderen hineinzuversetzen und zu lernen, zu teilen.

Diese beiden Zeichen mögen keine Konflikte, und wenn sie doch entstehen, ziehen sie den Dialog jeder Episode von Brutalität vor.

Der Widder kann dem Krebs und den Fischen beibringen, nicht auf die Zustimmung anderer angewiesen zu sein, risikofreudiger zu sein und nicht zu versuchen, es allen recht zu machen, d.h. durchsetzungsfähiger zu sein.

Der sinnliche Stier, Feind des Wandels und Verwandter der Trägheit, hat als Seelenverwandte Schütze und Zwillinge, zwei Zeichen, die wissen, dass das Leben eine faszinierende Reise ist, aber keine statische Reise.

Sie können dem Stier beibringen, dass er nicht aus Angst vor Ungewissheit dortbleiben muss, wo er nicht mehr sein muss, und dass es immer bestimmte Situationen oder Umstände geben wird, die eintreten werden, ohne dass wir sie erwarten und ohne, dass wir die Macht haben, sie zu ändern. Der Stier hat diesen Zeichen auch viel zu lehren.

Lektionen über Willenskraft, Verpflichtungen gegenüber anderen, Engagement für das, was sie tun, und Beharrlichkeit, ohne Eile oder Langsamkeit, bis zum Ende durchzuhalten. Prinzipien zu haben und klug zu sein.

Der Löwe kann mit seinen Seelenverwandten, die der Waage und dem Wassermann angehören, eine Menge Karma ausgleichen.

Ein Löwe kann aus Eitelkeit auf einer falschen Idee oder Überzeugung beharren; Waage und Wassermann wissen, dass hinter einer egozentrischen Person ein geringes Selbstwertgefühl steht.

Die Waage lehrt den Löwen Gleichmut und Toleranz, Argumentation und Diplomatie, um eine reibungslose Kommunikation zu gewährleisten. Wassermann, das gegenüberliegende Zeichen von Löwen, ausgestattet mit einem objektiven und fairen Urteil, da sie nie von Vorurteilen beeinflusst werden, wird Löwe lehren, die Herzen der Menschen zu sehen, ihre Schulter anzubieten und mitfühlende Worte in Zeiten der Not zu geben.

Der Löwe zögert nie, wenn er Entscheidungen trifft, und wenn doch, dann manifestiert er sie nicht, etwas, das die Waage praktizieren sollte.

Treue ist ein Markenzeichen des Löwen, etwas, das der Wassermann nicht kennt, und die kleinen Löwen können ihm moralische Lektionen erteilen.

Die Jungfrau, die wegen ihrer immensen Angst vor dem Scheitern als Perfektionist bekannt ist, hat Skorpion und Steinbock als Seelenverwandte. Jungfrauen sind gerne streng in ihren Entscheidungen und haben einen Prototyp in fast jedem Aspekt ihres

Lebens. Diese Selektivität hält sie davon ab, der Bewegung des Lebens zu folgen.

Die Jungfrau wird ein ganzes Projekt buchstäblich in der Luft zerreißen, wenn sie das Gefühl hat, dass es nicht von Anfang an perfekt war, was ein Steinbock niemals tun würde, da ihr Weitblick sie erkennen lässt, dass es immer Alternativen gibt, ohne von vorne anfangen zu müssen.

Der Steinbock ist ein Zeichen, das sich seines eigenen Raumes sicher ist, er trifft keine sinnlosen Entscheidungen, wie es die Jungfrau manchmal tut.

Andererseits kann der Skorpion das Schlimmste abmildern und das Beste der Jungfrau verstärken. Skorpion und Jungfrau haben eine praktische Herangehensweise an das Leben; allerdings ist der Skorpion viel mehr ein Lebenskünstler als die Jungfrau. Der Skorpion bringt die Entschlossenheit mit, die der Jungfrau fehlt, und die Jungfrau bringt dem leidenschaftlichen Skorpion Kontrolle und Rationalität.

Die Jungfrau wird den Steinbock an seiner Seite angenehmer und spielerischer machen und ihn von der übermäßigen Ernsthaftigkeit, die er oft an den Tag legt, isolieren.

Der Wahnsinn

Der Wahnsinn hat sich im Laufe der Geschichte als eine obskure, rätselhafte und widersprüchliche Wahrheit erwiesen. Er hat uns Angst gemacht, wir haben ihn ignoriert und sogar akzeptiert, und infolgedessen wurden die Menschen, die angeblich unter ihm gelitten haben, abgelehnt, eliminiert und geehrt.

Jedes Verhalten, das nicht mit unseren Überlegungen übereinstimmt, ist nicht unbedingt ein Akt des Wahnsinns, sondern eine andere Vorgehensweise.

Es ist ein Fehler, wenn wir, wenn wir uns von den Handlungen oder Dummheiten anderer betroffen oder verärgert fühlen, diese verbannen, denn das macht uns nicht vernünftiger, ausgeglichener oder vollkommener, sondern macht uns genauso verrückt.

Die Definition des Wahnsinns ist ebenso komplex wie die des Verstandes, aber alle Tierkreiszeichen haben ihren Grad an Wahnsinn.

Krebs: Sie sind temperamentvoll. Dies führt dazu, dass sie von außen betrachtet eine unverständliche Persönlichkeit haben. Die Popularität der Verrückten beruht auf ihrem widersprüchlichen Charakter, der die Menschen um sie herum manchmal verstört.

Skorpion: *Sie brauchen Veränderung, um glücklich zu sein, sie können verrückte Dinge tun, nur um etwas Action zu erzeugen. Für sie ist es normal, einen Ausbruch zu haben, denn sie sind süchtig nach Veränderung und Aufregung.*

Fische: *Es ist für sie unmöglich, dich nicht mit ihrem Wahnsinn anzustecken. Ihre Instabilität und ihr Ungleichgewicht stören die Menschen um sie herum. Sie sehen alles rosig, was dazu führt, dass sie als verrückt bezeichnet werden, weil sie immer auf einer Wolke schweben.*

Zwillinge: *Er ist berühmt für seine Dualität. Sie sind manchmal in Konflikt mit sich selbst. Sie lieben Herausforderungen, die Gefahren mit sich bringen. Sie lieben es, improvisierte Abenteuer zu planen und sind immer bereit, die Grenzen des maximalen Wahnsinns zu überschreiten.*

Löwe: *Wenn sich das Feuer in ihrem Kopf festsetzt, denken sie, dass alles, was ihr Leben umgibt, dringender ist als alles andere. Sie sind extravagant und haben Einstellungen, die für andere als verrückt* gelten. Sie können Dinge tun, die ein vernünftiger Mensch niemals tun würde.

Widder: *Sie verärgern sich selbst und alle um sie herum. Sie sind stur und wollen in allem der Erste sein, auch wenn sie dafür verrückte Dinge tun müssen. Sie wissen nicht, wie man es zurückzunehmen, etwas, das sie zu irrationalen Handlungen führt.*

Wassermann: *Ein rebellisches und freies Zeichen, das sich nicht im Geringsten um die Meinung kümmert, die man über sie hat. Sie handeln auf eine kapriziöse Art und Weise, mit verrückten Einstellungen, die die Paradigmen brechen.*

Schütze: *Er ist lustig, aber gewalttätig mit seinem Wunsch nach Aktion. Sie wissen nicht, wie man die Folgen ihres Handelns zu messen, etwas, das viele als Wahnsinn. Es ist nicht verwunderlich, sie völlig ungezügelt zu sehen, die Überquerung des Terrains der Verantwortungslosigkeit.*

Waage: *Sie sehnen sich nach Glück und Harmonie, und um das zu erreichen, sind sie bereit, alles Verrückte zu tun. Sie sind instabil, und das führt sie zu brechen ihre Verpflichtungen, etwas, das viele als verrückt.*

Jungfrau: *Sie gehen bis zum Äußersten und werden obsessiv. Sie haben eine Vision von dem, was sie wollen, in Stein gemeißelt, niemand kann ihnen Ratschläge geben, sie lassen sich nicht leiten. Wenn sie nicht zuhören, begehen sie verschiedene Dummheiten.*

Stier*: Wenn ihnen eine Idee in den Sinn kommt, gibt es niemanden, der sie vertreibt, und sie begehen sogar verrückte Dinge, um ihre Hypothese zu untermauern. Versuchen Sie, ihre Geduld auf die Probe zu stellen, und Sie werden feststellen, wie weit ihr Wahnsinn geht.*

Steinbock: *Er vergisst absolut nichts, nicht verzeihen und noch viel weniger, vergisst, wenn Sie etwas falsch machen, keine Sorge, weil er Sie ein Leben lang daran erinnern, um Sie völlig verrückt zu machen. Steinbock ist wahnsinnig obsessiv über die Kontrolle.*

Die Psychologie hinter der Lotterie.

Lotteriespiele sind in der ganzen Welt sehr beliebt.

Wir alle haben den unmöglichen Traum, im Lotto zu gewinnen, denn die Illusion, durch einen Glücksfall Millionär zu werden, auch wenn die Chancen minimal sind, ist der Hauptgrund, warum Menschen spielen.

Die Spieler nehmen wahr, dass die Kosten für den Lottoschein im Verhältnis zu den Gewinnen, die sie im Falle eines Gewinns erzielen würden, verschwindend gering sind. Wir nehmen Risiken immer emotional wahr, und wenn sie uns Freude bereiten, neigen wir dazu, das Risiko als unbedeutend zu betrachten und das Gefühl der Gefahr zu neutralisieren, indem wir uns nur auf die Vorteile konzentrieren.

Die Spieler sehen in der Lotterie eine einmalige Gelegenheit, mit geringem Geldeinsatz und geringem Risiko einen Gewinn zu erzielen.

Spiele haben sowohl traditionelle als auch abergläubische Aspekte. Manche Menschen spielen immer dieselben Zahlen, weil sie ihre Lieblingszahlen sind, weil sie sie mit einem wichtigen Datum in Verbindung bringen oder weil sie sie geträumt haben.

Andere spielen zu einer bestimmten Zeit, an einem bestimmten Tag oder an einem bestimmten Ort. Wenn wir denken, dass wir die Kontrolle haben, fühlen wir uns zuversichtlich, denn wenn wir die Zahlen selbst auswählen, anstatt nach dem Zufallsprinzip zu spielen, obwohl die Chancen, richtig zu liegen, die gleichen sind, haben wir den Eindruck, dass wir das Schicksal kontrollieren und dass die Chancen zu unseren Gunsten stehen.

Es gibt Leute, die nur zum Spaß spielen, in diesen Fällen geht die Lotterie über die wirtschaftlichen Kosten hinaus und wird zu einem Spaß, der belebt wird, wenn sie sich ausmalen, was sie mit dem Geld, das sie erwerben würden, alles machen könnten.

Es gibt fünf psychologische Beschreibungen der einzelnen Lottospieler:

Der Abenteurer, der von Spielen um große Geldsummen, von Spekulationen mit Zufallszahlen und mit geplanten Zahlen verzaubert ist.

Der Konkurrent, der darauf besteht, durch Glücksspiele zu zeigen, dass er auf Sieg wettet.

Der Gierige, der dem Glücksspiel keine Grenzen setzt und sich nicht scheut, beim Wetten Risiken einzugehen.

Der Taktiker, der niemals riskant spielt, sucht nach Taktiken, Strategien und numerischen Sets, wenn er die Zahlen spielt.

***Der abergläubische Mensch**, der immer die gleichen Zahlenkombinationen spielt, verwendet Talismane, Rituale oder kauft seine Lose an einem bestimmten Datum und Ort.*

Gibt es einen Trick oder eine Formel, um im Lotto zu gewinnen?

Diese Frage ist noch immer unbeantwortet. Viele spekulieren und behaupten, dass es wahrscheinlicher ist, vom Blitz getroffen zu werden, bevor man im Lotto gewinnt. Andere wiederum studieren die Chancen mit großer Ausdauer und Raffinesse.

Das Lottospiel oder jedes andere Glücksspiel, wenn es mit Bedacht betrieben wird, ist ein billiger Weg, um Illusionen und Vertrauen in die Zukunft zu kaufen. Kompliziert wird es, wenn die Person ihren Spieltrieb nicht kontrollieren kann, so dass eine Spielsucht entsteht und sie in die Spielsucht verfällt.

Ein Spielsüchtiger ist ein Mensch, dem das Glücksspiel große Schwierigkeiten bei der Arbeit und in seinen familiären Beziehungen bereitet, da Verluste ihn dazu verleiten, größere Geldbeträge zu verspielen, um das verlorene Geld zurückzugewinnen. Dies wird zu einem Teufelskreis, der nur durch eine psychotherapeutische Behandlung gelöst werden kann.

Die besten Geschenke für Tierkreiszeichen

Geschenke sind ein universelles Mittel, um zu zeigen, dass wir uns um eine Person kümmern und sie schätzen, aber der Kauf von Geschenken kann eine Herausforderung sein, für manche sogar ein echtes Kopfzerbrechen.

Die Planeten können Ihnen helfen, sobald Sie das Sternzeichen der Person kennen, können Sie vielleicht das ideale Geschenk machen.

Feuerzeichen: Widder, Löwe und Schütze mögen Geschenke, die ihnen das Gefühl geben, wichtig zu sein, und die mit Sport, Reisen und Technik zu tun haben.

Eine professionelle Digitalkamera, das neueste iPhone-Modell, ein Flugticket mit Hotel zu einem exotischen Touristenort oder mit historischem Hintergrund, Geschäftsbücher, Sportbekleidung oder Fitnessgeräte, Lotterielose, Flaschen mit edlem Wein und exklusive Markenschuhe werden diesen Zeichen sehr gefallen.

Stier, Jungfrau und Steinbock, die dem Erdelement angehören, sind manchmal traditionell, aber das *bedeutet nicht, dass sie keine Geschenke von anerkannten Marken mögen.*

Ein Gemälde eines berühmten Malers, ein Gürtel oder eine Aktentasche für ihre Arbeitspapiere, eine Brieftasche mit ihren Initialen, Markenparfüms, Massagen oder Körperbehandlungen, ein Haustier, Bademäntel, kuschelige Pyjamas oder sogar Aromatherapie-Diffusoren werden sie glücklich machen.

Luftzeichen: Zwillinge, Waage und Wassermann *sind nicht materialistisch, und die Funktionalität eines Geschenks ist viel wichtiger als der Preis. Ihre Fantasie ist reichlich vorhanden, und alles, was diese Fähigkeit anregt, spricht sie an.*

Ein Handy, ein Computer oder IPad, Bücher über persönliches Wachstum, Spiritualität, Philosophie und alternative Therapien, Selbsthilfe- und Wirtschaftskurse, ein Teleskop, Karten für die Oper oder das Theater, ein Tier, das nicht eingesperrt werden muss, Quarz, ätherische Öle, Weihrauch und After-Bath-Colognas werden von diesen Zeichen sehr geschätzt.

Krebs, Skorpion und Fische, *die Wasserzeichen, lieben personalisierte Geschenke. Kochutensilien, ein* romantisches Abendessen am Strand unter dem Mondschein, eine entspannende Massage in einem Spaß, gewagte Dessous, Hausschuhe oder ein bequemes Sofa zum Fernsehen, eine Flasche Champagner, Duftkerzen, Amulette, Astrologie Bücher, ein Satz von Tarot-Karten, Lotionen, Parfums und Beauty-Accessoires, Wein, Kekse, Konserven und alle Arten von Gourmet-Produkten sind auf der Liste der Geschenke, die diese Zeichen mit großer Freude annehmen werden.

Schenken ist ein Segen, es ist eine Geste der Großzügigkeit; Schenken ist ein symbolischer Akt, der ein Kompliment darstellt, eine Aufmerksamkeit für jemanden, den wir erfreuen wollen, und der die Zuneigung symbolisiert, die wir bekunden.

Wenn wir Geschenke machen, werden Beziehungen verbessert und gestärkt, und es entsteht Freude.

Die Tierkreiszeichen und ihre Ängste.

Die zwölf Tierkreiszeichen symbolisieren zwölf wesentliche Archetypen der menschlichen Persönlichkeit, sind aber gleichzeitig auch psychologische Prototypen, weshalb jedes der Tierkreiszeichen eine ganz spezifische und persönliche Angst hat.

Wir sollten uns daran erinnern, dass Angst ein wesentlicher menschlicher Alarm- und Abwehrmechanismus ist. Sie wird nur dann zum Problem, wenn sie übermäßig ist.

Ängste sind Unsicherheiten und manchmal projizieren wir sie mit den entgegengesetzten Handlungen, wie es der Fall des Widder-Zeichens ist; anerkannt für ihren eisernen Willen, nichts und niemand lähmt sie. Sie lieben es, alles zu kontrollieren, und ihre tief verwurzelte Angst ist es, zu versagen oder um Hilfe zu bitten, weil dies für sie ein Synonym für Schwäche ist.

__Der Stier__ ist das sturste der Erdzeichen. Veränderungen machen ihnen Angst, und wenn ihnen das Geld ausgeht, verbringen sie ihr Leben mit Sparen, weil Armut sie ängstigt.

Zwillinge, die Kommunikatoren des Tierkreises, sind ein wenig ängstlich und unsicher, sie versuchen, Aufmerksamkeit zu erregen, weil sie fürchten, langweilig auszusehen. Legitime Kinder des Mondes, Cancers lieben ihre Sicherheitszone, weil niemand sie dort verletzen kann, sie haben Angst vor Einsamkeit und Ablehnung.

Der Löwe, der König des Tierkreises, der Anführer und der Mutige, wurde nicht geboren, um zu verlieren. Ihre größte Angst ist es, unbemerkt zu bleiben; sie ziehen es vor, schlecht gemacht zu werden, aber nicht ignoriert zu werden.

Der Meister der Sauberkeit **Jungfrau** wird manchmal zwanghaft mit dem Thema Gesundheit, so dass sie Hypochonder sind. Ihre größte Angst ist es, krank zu werden, aber Unordnung macht ihnen mehr Angst als alles andere.

Außerordentlich intelligente **Waagen** sind unentschlossen, und genau darin liegt ihre größte Angst: Entscheidungen zu treffen. Eine weitere ihrer Ängste ist die Einsamkeit.

Die rätselhaften und verführerischen **Skorpione** *haben ein Elefantengedächtnis, sie fürchten sich vor Verrat, und wenn du etwas tust, was ihnen nicht gefällt, werden sie es dir für immer vorenthalten. Behalte niemals ein Geheimnis vor einem Skorpion.*

Der **Schütze,** *der Abenteurer des Tierkreises, hat Angst, sich zu binden, denn die Anforderungen sind erschreckend. Sie sind sehr lustig, aber hinter diesem Lächeln verbirgt sich die Angst, betrogen zu werden.*

Steinbock *sind anspruchsvoll und weichen nie von ihren Zielen ab; ihre größte Angst ist es, Fehler zu machen, vor allem auf beruflicher Ebene. Sie sind aufopferungsvoll und haben Angst, ihre Träume nicht zu verwirklichen.*

Die rebellischen und utopischen **Wassermänner** *fürchten, ihre Freiheit zu verlieren, denn das würde bedeuten, ihr eigenes Wesen zu verlieren. Sie haben immer viele Freundschaften, aber keine von ihnen bindet sie. Sie brauchen die Gruppe, wollen aber nicht, dass die Gruppe sie braucht.*

Frieden ist ein Synonym für **Fische***, sie hassen Konfrontationen. Durch und durch mitfühlend, haben sie Angst, andere leiden zu sehen. Sie sind ein wenig* *unsicher, haben Lampenfieber und Angst vor Ablehnung.*

In einigen alten Astrologie Büchern wird Saturn für die Angst in einem Geburtshoroskop verantwortlich gemacht. Ich denke, damit Angst entsteht, muss sich die Allianz mehrerer Planeten mit ihren entsprechenden Energien manifestieren.

Das heißt, Ängste werden durch verschiedene Planeten repräsentiert, die durch Aspekte miteinander verbunden sind, es gibt keinen bestimmten Planeten, der notwendigerweise mit der Entwicklung irgendeiner Art von Angst verbunden ist.

Mond in Wassermann

Menschen mit dem Mond im Wassermann haben das Bedürfnis, sich akzeptiert zu fühlen und Teil einer Gruppe zu sein. Das Gefühl der Gruppenakzeptanz ist das wichtigste Bedürfnis für Menschen mit Mond im Wassermann.

Wenn Sie den Mond im Wassermann haben, fühlen Sie sich am sichersten, wenn Sie von Menschen umgeben sind, die Ihre Überzeugungen und Meinungen teilen. Gruppendynamik ist für Sie wichtig, und dort fühlen Sie sich am sichersten. Der Wassermann muss lernen, dass die Bedürfnisse des Einzelnen wichtiger sind als die Bedürfnisse einer Gruppe.

Mit dem Mond im Wassermann werden Sie instinktiv nach Gemeinsamkeiten mit anderen suchen, und Sie werden Anerkennung suchen, indem Sie als Mitglied einer Gruppe akzeptiert werden. Das heißt, Sie werden sich sicher fühlen, wenn Sie das Gefühl haben, dazuzugehören.

In allen Situationen und Beziehungen werden Sie nach Gemeinsamkeiten mit anderen suchen, um das Gruppengefühl aufrechtzuerhalten.

Wenn Ihr Mond im Wassermann steht, ziehen Sie es vor, sich Ihren Gefühlen von einem logischen Standpunkt aus zu nähern, und Sie fühlen sich nicht wohl dabei, Ihre Gefühle auf einer tiefen Ebene zu erforschen, und wenn Sie sich dazu gedrängt fühlen, können Sie sich bedroht fühlen.

Mit dem Mond im Wassermann hängt Ihre emotionale Sicherheit mit den Dingen zusammen, die Sie mit anderen Menschen gemeinsam haben.

Der Wassermann hat den Ruf, unberechenbar zu sein, aber das liegt daran, dass Gruppengrenzen manchmal nicht definiert sind.

Menschen mit dem Mond in Wassermann scheuen die Stabilität. Ihre Talente liegen darin, dass sie es schaffen, sich an jedem Ort wohlzufühlen und wenig Vorurteile zu haben, wenn es um Bindungen geht. Sie sind sehr kreativ und haben die Fähigkeit zur Führung.

Menschen mit dem Mond im Wassermann sind stur, und es ist sehr schwierig, mit ihnen zu diskutieren.

Sie sind sehr aufmerksam und analysieren, warum ihre Mitmenschen bestimmte Verhaltensweisen an den Tag legen. Sie sind stolz auf ihre Familie und prahlen mit ihren Erfolgen.

Die Bedeutung des Aszendenten Zeichens

Das Sonnenzeichen hat einen großen Einfluss darauf, wer wir sind, aber der Aszendent ist das, was uns wirklich definiert, und das könnte sogar der Grund dafür sein, dass Sie sich mit einigen Eigenschaften Ihres Sternzeichens nicht identifizieren.

Wenn du dein Horoskop liest, fühlst du dich manchmal identifiziert und es gibt einigen Vorhersagen einen Sinn, und das passiert, weil es dir hilft zu verstehen, wie du dich fühlen könntest und was mit dir passieren wird, aber es zeigt dir nur einen Prozentsatz dessen, was wirklich sein könnte.

Der Aszendent unterscheidet sich vom Sonnenzeichen, weil er widerspiegelt, wer wir oberflächlich gesehen sind, d. h. wie andere uns sehen oder welche Energie wir auf andere übertragen, und das ist so real, dass Sie vielleicht jemanden treffen, und wenn Sie sein Zeichen vorhersagen, haben Sie vielleicht sein Aszendenten Zeichen und nicht sein Sonnenzeichen entdeckt.

Zusammenfassend lässt sich sagen, dass die Eigenschaften, die man bei einer Person sieht, wenn man sie zum ersten Mal trifft, der Aszendent ist, aber da unser Leben von der Art und Weise beeinflusst wird, wie wir mit anderen in Beziehung treten, hat der

Aszendent einen großen Einfluss auf unser tägliches Leben.

Es ist etwas kompliziert zu erklären, wie das Zeichen des Aszendenten berechnet oder bestimmt wird, denn es ist nicht die Position eines Planeten, die es bestimmt, sondern das Zeichen, das zum Zeitpunkt Ihrer Geburt am östlichen Horizont aufstieg, im Gegensatz zu Ihrem Sonnenzeichen, das vom genauen Zeitpunkt Ihrer Geburt abhängt.

Dank der Technologie und des Universums ist es heute einfacher denn je, diese Informationen zu wissen, natürlich, wenn Sie Ihre Geburtszeit kennen, oder wenn Sie eine Vorstellung von der Zeit haben, aber es gibt nicht eine Marge von mehr als Stunden, denn es gibt viele Websites, die die Berechnung durch die Eingabe der Daten zu machen, astro.com ist einer von ihnen, aber es ist unendlich.

Auf diese Weise können Sie beim Lesen Ihres Horoskops auch Ihren Aszendenten lesen und mehr persönliche Details erfahren. Sie werden sehen, dass sich von nun an Ihre Art, das Horoskop zu lesen, ändern wird, und Sie werden wissen, warum dieser Schütze so bescheiden und pessimistisch ist, wenn er in Wirklichkeit so übertrieben optimistisch ist, und das liegt vielleicht daran, dass er einen Steinbock-Aszendenten hat, oder weil dieser Skorpion-Kollege immer über alles redet, zweifellos hat er einen Zwillinge-Aszendenten.

Ich werde die Eigenschaften der verschiedenen Aszendenten zusammenfassen, aber auch das ist sehr allgemein, denn diese Eigenschaften werden durch Planeten in Konjunktion mit dem Aszendenten, durch Planeten, die den Aszendenten aspektieren, und durch die Stellung des Herrscherplaneten des Zeichens im Aszendenten verändert.

Ein Mensch mit einem Widder-Aszendenten und seinem herrschenden Planeten Mars in Schütze wird zum Beispiel etwas anders auf die Umwelt reagieren als ein anderer Mensch, der ebenfalls einen Widder-Aszendenten hat, dessen Mars aber im Skorpion steht.

In ähnlicher Weise wird sich eine Person mit einem Fische-Aszendenten, die Saturn in Konjunktion zu ihm hat, anders "verhalten" als jemand mit einem Fische-Aszendenten, der diesen Aspekt nicht hat.

All diese Faktoren verändern den Aszendenten, Astrologie ist sehr komplex, und Horoskope werden nicht mit Tarotkarten gelesen oder erstellt, denn Astrologie ist nicht nur eine Kunst, sondern auch eine Wissenschaft.

Es kommt häufig vor, dass diese beiden Verfahren verwechselt werden, denn obwohl es sich um zwei völlig unterschiedliche Konzepte handelt, haben sie einige Gemeinsamkeiten. Eine dieser Gemeinsamkeiten liegt in ihrem Ursprung begründet und besteht darin, dass beide Verfahren seit der Antike bekannt sind.

Sie ähneln sich auch in den verwendeten Symbolen, da beide mehrdeutige Symbole darstellen, die interpretiert werden müssen, was eine spezielle Lektüre und Ausbildung erforderten, um zu wissen, wie diese Symbole zu interpretieren sind.

Es gibt Tausende von Unterschieden, aber einer der wichtigsten ist, dass, während im Tarot die Symbole sind vollkommen verständlich auf den ersten Blick, wobei figurative Karten, obwohl es notwendig ist, zu wissen, wie man sie gut zu interpretieren, in der Astrologie beobachten wir ein abstraktes System, das notwendig ist, um zu wissen, vorher zu interpretieren, und natürlich muss gesagt werden, dass, obwohl wir erkennen können, die Tarot-Karten, jeder kann nicht interpretieren sie richtig.

Die Deutung ist auch ein Unterschied zwischen den beiden Disziplinen, denn während des Tarots keinen genauen Zeitbezug hat, da die Karten nur dank der im entsprechenden Legesystem gestellten Fragen zeitlich eingeordnet werden, bezieht sich die Astrologie auf eine bestimmte Stellung der Planeten in der Geschichte, und die von beiden verwendeten Deutungssysteme sind diametral entgegengesetzt.

Das Horoskop ist die Grundlage der Astrologie und der wichtigste Aspekt bei der Erstellung von

Vorhersagen. Das Horoskop muss perfekt ausgearbeitet sein, damit die Lesung erfolgreich ist und man mehr über die Person erfährt.

Um ein Geburtshoroskop zu erstellen, muss man alle Daten über die Geburt der betreffenden Person kennen.

Sie muss genau bekannt sein, von der genauen Zeit, zu der sie geliefert wurde, bis hin zu dem Ort, an dem sie durchgeführt wurde.

Die Stellung der Planeten zum Zeitpunkt der Geburt verrät dem Astrologen die Punkte, die er für die Erstellung des Geburtshoroskops benötigt.

In der Astrologie geht es nicht nur darum, die Zukunft zu kennen, sondern auch darum, die wichtigen Punkte Ihrer Existenz, sowohl in der Gegenwart als auch in der Vergangenheit, zu kennen, um bessere Entscheidungen für Ihre Zukunft zu treffen.

Die Astrologie hilft Ihnen, sich selbst besser kennenzulernen, so dass Sie die Dinge, die Sie blockieren, ändern oder Ihre Qualitäten verbessern können.

Und wenn das Horoskop die Grundlage der Astrologie ist, so ist die Tarot-Lesung von grundlegender Bedeutung für diese Disziplin. Wie derjenige, der Ihnen das astrologische Horoskop macht, wird der Seher, der Ihnen die Tarot-Lesung macht, der

Schlüssel zum Erfolg Ihrer Lesung sein, so ist es am besten für Tarot-Leser empfohlen zu fragen, und obwohl sicherlich können Sie nicht speziell auf alle Fragen, die Sie fragen sich in Ihrem Leben zu beantworten, eine korrekte Lesung der Tarot-Streuung, und die Karten, die in der Rolle kommen, wird Ihnen helfen, über die Entscheidungen, die Sie in Ihrem Leben machen.

Zusammenfassend lässt sich sagen, dass Astrologie und Tarot sich der Symbolik bedienen, aber die Hauptfrage ist, wie all diese Symbolik interpretiert wird.

Eine Person, die beide Techniken beherrscht, wird zweifellos eine große Hilfe für die Menschen sein, die sie um Rat fragen.

Viele Astrologen kombinieren beide Disziplinen, und die regelmäßige Praxis hat mich gelehrt, dass beide in der Regel sehr gut ineinander übergehen und eine bereichernde Komponente in allen Vorhersagefragen darstellen, aber sie sind nicht dasselbe, und man kann weder ein Horoskop mit Tarotkarten erstellen noch eine Tarot Deutung mit einem astrologischen Horoskop.

Wassermann Aszendent Widder

Wassermann-Aszendent Widder hat einen starken Charakter, Autorität, guten Sinn und Eleganz. Der Wassermann mit diesem Aszendenten ist ernster, weniger offen für Beziehungen und unnachgiebiger. Er wird modern und wagemutig sein, und bei der Arbeit wird er autoritär, fleißig, unternehmungslustig und analytisch sein. In der Liebe werden Sie dazu neigen, mehrere Beziehungen auszuprobieren, bevor Sie sich festlegen. Im Beruf verleihen Ihnen Ihre Persönlichkeit und Ihr schnelles Denken eine einzigartige Fähigkeit, Schwierigkeiten zu lösen und Lösungen anzubieten. Als geschickter und außerordentlich aktiver Mensch ergreift er leicht die Initiative. Er mag es nicht, kontrolliert zu werden, und funktioniert am besten, wenn er Autonomie und Freiheit hat.

Wassermann-Stier-Aszendent

Wassermann-Aszendent Stier ist anfällig für Verhandlungen und beziehen sich auf alle. Er hat auch die Gabe der Menschen, liebt das gesellschaftliche Leben und Spaß. Sein Lebensstil ist gesund, er ist romantisch, detailorientiert und neigt eher zur Ehe. Er ist auch sinnlich und zärtlich. In der Liebe ist er sehr besitzergreifend und ist nicht bereit, persönliche Aspekte für seine affektiven Beziehungen zu opfern. Um eine stabile Beziehung aufrechtzuerhalten, muss er lernen, seine Unabhängigkeit zu opfern, um sein Familienleben auszugleichen.

Wassermann Aszendent Zwillinge

Wassermann-Aszendent Zwillinge sind mitfühlend und humanitär. Sie lieben es, anderen zu helfen und sie zu lehren, es gut zu machen. Sie sind intellektuell, führen ein gesundes Leben und treiben gerne Sport. Ihre Persönlichkeit ist fröhlich, kommunikativ, aber gleichzeitig auch philosophisch. Sie sind sehr freundlich, wollen aber ihre persönliche Freiheit respektiert wissen. Sie fühlen sich zu neuen Erfahrungen hingezogen und neigen zu ungewöhnlichen Abenteuern. Sie sind sehr empfänglich für Aktivitäten, die sie geistig trainieren.

Wassermann Aszendent Krebs

Wassermann-Aszendent Krebs ist sensibel und sinnlich. Er ist besitzergreifend, eifersüchtig, leidenschaftlich und traditionell. Sie sind immer bereit, Partys zu organisieren und neue Leute kennenzulernen und lieben ihre Freunde. Sie sind sehr beschützend und aufnahmefähig. Ihr Verstand ist logisch und rational. Sie können in jedem Geschäft erfolgreich sein, das mit großen Gewinnen verbunden ist. Der Erfolg wird jedoch größer sein, wenn sie in einer Partnerschaft arbeiten.

Wassermann-Aszendent Löwe

Wassermann-Aszendent Löwe ist ein anspruchsvoller Mensch mit einem Auge für die neueste Mode, ein Liebhaber von Luxus und Nachtleben. Er liebt es, Partys zu organisieren und ist großzügig. Er kümmert sich immer um seine Freunde und hilft gerne. Er ist leidenschaftlich, romantisch und abenteuerlustig. Er mag es nicht, dominiert zu werden und kann diktatorisch sein. Er ist sehr gefühlvoll, loyal und ausdrucksstark. Sie lieben intensive Beziehungen, obwohl sie ihren Partner in ihrem Beschützerinstinkt unterdrücken können. Sie glänzen gerne und nehmen berüchtigte Positionen ein. Ihre Ziele sind altruistisch, aber sie haben egozentrische Bedürfnisse und müssen sich für das, was sie für andere tun, wertgeschätzt und anerkannt fühlen. Sie lieben es, auszugehen und Gesellschaft zu genießen, weil sie sehr freundlich sind.

Wassermann Aszendent Jungfrau

Wassermann-Aszendent Jungfrau hat einen angeborenen Sinn für die Analyse von allem. Du planst und strukturierst dein Leben gerne. Bei der Arbeit lieben Sie es, die Kontrolle zu haben, besonders wenn es um Papierkram geht. Sie neigt zu

Innovationen und der Gründung neuer Unternehmen und ist sehr professionell. Er ist unabhängig und liebt Sport im Freien. Im beruflichen Bereich hat er einen starken Willen und die Bereitschaft, seine Aufgaben auszuführen. Er ist sehr organisiert und perfektionistisch, unermüdlich, hilfsbereit und aufmerksam. Er ist diskret und introvertiert, aber emotional anspruchsvoll und distanziert.

Wassermann Aszendent Waage

Der Wassermann-Aszendent ist eine Person, die ein aktives soziales Leben führt, nachtaktiv ist und Spaß hat. Dieser Wassermann lebt das Leben in einer entspannten Art und Weise, macht weniger Sport, hat aber viele Freunde. Ein kultivierter und eleganter Wassermann. Komfort ist seine Priorität. Er zeichnet sich durch seine Eleganz aus, schätzt die Annehmlichkeiten des Lebens und seine Entspannungsphasen. Auf beruflicher Ebene verfügt er über große intellektuelle Fähigkeiten, ist sehr kreativ, schätzt den Dialog und ist an innovativen Methoden interessiert, die seine Arbeit produktiv machen. Freundlich und extrovertiert, muss er sehr verliebt sein, um sich glücklich zu fühlen.

Wassermann Aszendent Skorpion

Wassermann-Aszendent Skorpion ist sehr aufmerksam und analytisch. Er ist sehr sinnlich und hat eine unglaubliche Kraft der Verführung. Er ist sehr attraktiv, aber mag es, unabhängig zu sein. Diese Menschen sind mit einer magnetischen Persönlichkeit ausgestattet, aber es ist nicht leicht, mit ihnen umzugehen. Der aufmerksame und misstrauische Wassermann ist immer auf der Suche nach Freiheit. Er zeichnet sich durch seine Originalität aus; er ist entschlossen und ehrgeizig. Er ist sehr vorsichtig und versucht, jemanden gut kennen zu lernen, bevor er sich bindet. Wenn er sich sicher fühlt, gibt er sich seinem Partner hin.

Wassermann Aszendent Schütze

Wassermann-Aszendent Schütze ist freundlich, dynamisch, reiselustig, abenteuerlustig und intellektuell. Beruflich sind sie sehr kreativ, fantasievoll und fleißig. In der Liebe sind sie sehr unabhängig. Diese Menschen sind sehr ruhelos, sehnen sich nach Freiheit und genießen es, geistig neue Horizonte zu erkunden. Sie reisen gerne, lernen verschiedene Kulturen kennen und sind immer auf der Suche nach neuen Erfahrungen. Sie haben eine unglaubliche geistige Schnelligkeit und ein großes Interesse an Möglichkeiten, ihr Wissen zu erweitern.

Sie sind sehr kommunikativ, gehen leicht Beziehungen ein und sind sehr aufnahmefähig.

Wassermann-Aszendent-Steinbock

Wassermann-Aszendent Steinbock ist eine Person mit viel Sinn, Passivität, analytische Kraft und beruflich erfolgreich. Er ist sehr fleißig, unternehmungslustig und immer in Mode. Sie sind gute Manager, akribisch und kontrollierend, aber manchmal neigen sie dazu, sich auf riskante Geschäfte einzulassen, die ihnen finanzielle Verluste einbringen können. Sie können manchmal geheimnisvoll erscheinen, weil sie dazu neigen, nicht zu viel von sich preiszugeben. Sie genießen ihre Privatsphäre, aber wenn sie jemandem nahekommen, zeigen sie Loyalität und Vertrauen. Sie sind sehr organisiert, aber unflexibel.

Wassermann Aszendent Wassermann

Wassermann-Aszendent Wassermänner sind charmant, ehrlich, hilfsbereit und menschenfreundlich. Beruflich sind sie unternehmungslustig, führend und hart arbeitend. In der Liebe sind sie schüchtern, ehrlich, zuverlässig und haben tiefe Gefühle. Sie haben eine starke Persönlichkeit, ein sehr hohes Selbstwertgefühl und werden gerne wahrgenommen. Dieser Wassermann macht einen Unterschied, weil er es versteht, seine

Intelligenz zu nutzen, um diejenigen geistig herauszufordern, die seine Unberechenbarkeit kritisieren.

Wassermann-Aszendent-Fische

Wassermann-Aszendent-Fisch ist ein Mensch, der offen für sporadische Beziehungen ist. Sie sind freundlich, lieb und kreativ. Wassermann mit Fisch-Aszendent ist eine Mischung aus verschiedenen Welten. Die zukunftsorientierte Logik des Wassermanns geht eine Partnerschaft mit der intuitiven Frömmigkeit der Fische ein, wodurch eine ausgezeichnete und faszinierende Persönlichkeit entsteht. Er kann an abgelegenen Orten oder in Tätigkeiten arbeiten, die Hingabe mit der Möglichkeit der Schöpfung erfordern.

Saturn in den Fischen, eines der wichtigsten astrologischen Ereignisse.

Der 7. März 2023 war einer der wichtigsten Tage im astrologischen Kalender dieses Jahres. Saturn, der strenge Lehrer und Herr des Karmas, kollidierte mit den Fischen, den Träumern. Dieser Transit von Saturn in den Fischen, der bis Februar 2026 andauern wird, war keine willkommene Mischung.

Saturn ist ein Planet der Verantwortung und der strengen Autorität, er diszipliniert und strukturiert uns auf seinem Weg durch den Tierkreis. Saturn will sicherstellen, dass wir unsere Ziele erreichen, und wenn dieser Planet durch die Fische, das spirituellste Zeichen, wandert, werden einige wichtige Vorschläge auf uns zukommen. Pluto und Saturn, die so im Einklang wandern, werden einen gigantischen energetischen Vulkan auslösen, der garantiert eine unvergessliche Zeit sein wird.

Das mag wie eine Kampfansage klingen, aber diese Energiekombination kann effektiv und gewinnbringend sein.

Saturn ist in den Fischen nicht zufrieden. Es ist schwierig für ihn, Strukturen zu gründen und eine Realität aufzubauen, wenn sich alles verschiebt. Fische ist ein duales Zeichen, es kann sich also auf entgegengesetzte Weise ausdrücken; es kann sowohl transzendental als auch praktisch sein. Es besteht die Möglichkeit, dass Saturn in den Fischen auf den Bau von Formen über oder unter dem Wasser hinweist, oder auf die Beherrschung des Wassers, wie z. B. Pipelines, Aquädukte und Häfen. Er kann aber auch den Zusammenbruch dieser Strukturen aufgrund von Wirbelstürmen oder struktureller Brüchigkeit aufzeigen.

Der Archetypus der Fische steht im Widerspruch zu Saturn. Er steht für Utopie, Kreativität, Spiritualität und Esoterik, aber auch für Träume, Illusionen, Lügen und Eskapismus. Er symbolisiert das Streben, wie das Meer zu fließen und Grenzen und Beschränkungen zu überwinden.

Der letzte Transit von Saturn in den Fischen fand von Mai 1993 bis April 1996 statt. In dieser Phase wurden die Folgen des Zusammenbruchs der Sowjetunion im Jahr 1989 spürbar, der weltweit Nachwirkungen hatte und die russische Wirtschaft zusammenbrechen ließ. Russland begann 1994 den ersten Tschetschenienkrieg, der bis 1996 andauerte. Der Internationale Strafgerichtshof für das ehemalige Jugoslawien wurde im Mai 1993 in Den Haag eingerichtet, um Kriegsverbrechen zu verfolgen, die während des Jugoslawienkriegs Anfang der 1990er Jahre begangen wurden.

Der Bosnienkrieg zwischen Kroaten, Bosniern und Serben hingegen war von Grausamkeiten, ethnischen

Säuberungen und zahlreichen Hinrichtungen geprägt. Der Krieg endete 1995, und die meisten bosnisch-serbischen Befehlshaber wurden wegen Völkermordes und Verbrechen gegen die Menschlichkeit verurteilt. 1994 begann der Völkermord in Ruanda, als Hutu-Banden mehr als 700.000 Tutsi ermordeten und unzählige Frauen während des Massakers vergewaltigt wurden, das schließlich im Juli endete. Die Abrüstungskrise im Irak nach dem Ende des ersten Golfkriegs war auf ihrem Höhepunkt mit viel Lärm und fehlendem Vertrauen zwischen den Beteiligten verbunden.

Eine Sekte in der Schweiz, der "Orden des Sonnentempels", verübte eine Reihe von Verbrechen und Massenselbstmorden, und hier in den Vereinigten Staaten ermordete Timothy McVeigh 168 Menschen bei dem Bombenanschlag in Oklahoma City. Während dieses Saturn-Transits durch die Fische wurde O.J. Simpson wegen Mordes an seiner Ex-Frau und seinem Freund verhaftet und nach einem langwierigen Prozess, der ein Spektakel im Hollywood-Stil war, freigelassen.

In London wurde Fred West und seine Frau Rose inhaftiert, nachdem in ihrem Garten die Leichen mehrerer Mordopfer gefunden worden waren.

In Südafrika fanden die ersten rassenübergreifenden Wahlen statt, und Nelson Mandela wurde zum Präsidenten gewählt, der später die Todesstrafe in diesem Land abschaffte. Russland und China unterzeichneten ein Abkommen, sich nicht mehr gegenseitig mit ihren Atomwaffen zu provozieren, und der Atomwaffensperrvertrag wurde von 170 Ländern endlos erweitert. In Australien einigte man sich auf die Entschädigung der Ureinwohner, die während der Atomtests in den 1950er und 1960er Jahren vertrieben wurden.

Zu den weiteren Ereignissen während des Transits von Saturn in den Fischen gehören religiöse Strömungen, ideologische Bewegungen wie Sozialismus und Linksextremismus, die Übertragung von Krankheiten und Seuchen, zerstörerische Verhaltensweisen, die durch Panik ausgelöst werden, eine Zunahme des Drogenkonsums und die Entwicklung aller Arten von Kunst sowie die Mittel des Seeverkehrs.

Saturn in den Fischen wird dafür sorgen, dass wir uns nicht mit Spiritualität oder Angst vor bestimmten Konflikten drücken können, denen wir uns stellen müssen. Wir können meditieren, hundert Jahre in Tibet verbringen und die mächtigsten Mantras des Universums verwenden, aber irgendwann müssen wir auch handeln.

In den letzten Jahren, in denen Saturn den Wassermann durchquert hat, war es notwendig, sich auf die Individualität zu konzentrieren und aufrichtiger zu sein, anstatt den Zwang der Menschen um uns herum zu tolerieren.

Obwohl Wassermann ein Zeichen ist, das dafür bekannt ist, nach seinem eigenen Rhythmus zu tanzen, hat Saturn uns dazu gebracht, mit uns selbst allein zu sein (erinnern Sie sich an die Einschränkungen während der Pandemie) und zu schauen, wo wir uns selbst platzieren können, um gesunde Grenzen zu schaffen.

All diese Lektionen haben uns auf das vorbereitet, was mit Saturn in den Fischen vor uns liegt. Wir werden anfangen, sensibler damit umzugehen, wie wir Spiritualität in unser tägliches Leben einbringen können, während wir gleichzeitig ein Verständnis dafür bewahren, wie wir uns selbst strukturieren können. Viele Menschen werden Religionen oder Dogmen aufgeben oder in Frage stellen.

Natürlich gibt es viele, die diese Zeit nicht genießen werden. Dazu gehören religiöse Führer und diejenigen, die Verschwörungstheorien verbreiten. Es wird zu Konflikten zwischen Menschen unterschiedlicher Religionen kommen, und es wird viele Tendenzen geben, zu versuchen, das zu beherrschen, was andere zu glauben wählen.

Wir müssen akzeptieren, dass, nur weil andere nicht mit unseren Überzeugungen übereinstimmen, dies nicht bedeutet, dass sie falsch sind. Es bedeutet lediglich, dass ihre Ansichten anders sind, denn schließlich stehen die Fische für Exklusivität. Etwas, das uns fehlt.

Da Fische und Neptun die Unterhaltungsbranche regieren, werden große Studios und Plattenfirmen schließen, und viele Künstler, die mit diesen Studios verbunden waren, werden beschließen, ihre eigenen zu gründen. Wenn Sie ein Künstler sind, liegt es in Ihrem besten Interesse, Ihre Arbeit gewinnbringend zu nutzen, anstatt den großen Unternehmen an der Spitze die Dividenden zu überlassen.

Es wird weniger Interesse an Spezialeffekten geben und eine stärkere Ausrichtung auf in sich geschlossene Filme und Themen, die den Alltag widerspiegeln. Wir werden die Schönheit um uns herum schätzen und weniger vom Glamour motiviert sein.

Karma wird oft als etwas Böses angesehen, aber zu ernten, was man gesät hat, ist nicht schlimm, wenn man sich gut verhalten hat. Die Arbeit mit unserem karmischen und unterbewussten Gepäck, das Verstehen der Vergangenheit und die Bereitschaft, loszulassen, sind entscheidend, um diesen Transit zu meistern und erfolgreich aus ihm hervorzugehen. Wenn Sie sich davor drücken, wird Saturn Sie bestrafen, aber wenn Sie sich darauf einlassen, werden Sie an einem Ort ankommen, der für etwas Großes prädestiniert ist.

Die Stellung von Saturn in unserem Geburtshoroskop zeigt an, wo wir gezwungen sind, die Kontrolle über die Realität zu gewinnen und mehr Verantwortung zu übernehmen.

Fische ist das letzte Zeichen des Tierkreises, so dass Saturns Bewegung hier auch einen End- oder Abschlusspunkt für einen viel größeren Zyklus anzeigen.

Fische ist ein Wasserzeichen, das für Licht, Dunkelheit und die unsichtbaren Welten steht. Es ist bekannt für seine abstrakten Ideen und seine Kreativität. Fische sind wandelbar, das heißt, sie sind anpassungsfähig und offen für die Energien der Welt um sie herum. Saturn ist eine sehr solide Energie. Er herrscht über Gesetz, Verantwortung und Beschränkungen, und seine Energie kann sich manchmal wie ein Weckruf anfühlen, der uns in die Realität zurückholt und uns die Konsequenzen unseres Handelns vor Augen führt.

Die Anwesenheit von Saturn in den Fischen könnte sich dadurch etwas schwer anfühlen, da die normalerweise wässrige, intuitive und sensible Energie der Fische gezwungen sein wird, etwas zurückhaltender zu werden.

Um es besser zu verstehen, kann man es sich so vorstellen: Wenn Fische ein sanft fließendes Wasser sind, dann bildet Saturn Dämme, und diese Dämme können das Wasser in eine produktive und nützliche Richtung lenken, aber es kann sich auch eher bedrückend oder kontrollierend anfühlen.

Es gibt jedoch eine Möglichkeit, ein Gleichgewicht zwischen diesen beiden Energien zu schaffen, da die kreativen, nicht greifbaren und äußeren Ideen der Fische-Energie dank Saturn einige Wurzeln schlagen können.

Saturn hat eine praktische Energie, und wenn wir diese mit der Kreativität der Fische kombinieren, können wir ein Gleichgewicht erreichen, das uns hilft, unsere kreativen Ideen zum Leben zu erwecken oder sie sogar in ein Unternehmen zu verwandeln.

Fische sind auch mit Religion und Spiritualität verbunden, so dass sich mit Saturn viele Fragen rund um Religion und Spiritualität stellen könnten und wie diese mit den Regeln, die die Gesellschaft regieren, zusammenhängen. Auch die spirituelle Industrie könnte unter dieser Energie einen Weckruf erhalten, oder auf einer persönlichen Ebene werden sich Ihre eigenen Einstellungen und Überzeugungen bezüglich Ihrer spirituellen oder religiösen Verbindung ändern.

Saturn möchte wirklich, dass wir aufstehen, die Verantwortung für unser Leben übernehmen und in Übereinstimmung mit unserem authentischen Selbst handeln. Saturn mag uns Grenzen und Beschränkungen auferlegen, die uns das Gefühl geben, gefangen zu sein oder zu ersticken, aber das geschieht nur, damit wir uns die Zeit nehmen können, zu entdecken, was wir wirklich wollen und wofür wir bereit sind, einzustehen. Eine weitere Möglichkeit, mehr über diesen kraftvollen Planetentransit zu erfahren, besteht darin, über die Themen nachzudenken, die sich in Ihrem Leben entwickelt haben, als Saturn das letzte Mal in den Fischen war, nämlich von 1994 bis 1996, um zusätzliche Informationen darüber zu erhalten, was dieser Zyklus Ihnen bringen kann.

Wie wird es sich auf das Zeichen Wassermann auswirken?

Saturn hat gerade Ihr Zeichen verlassen, und Sie spüren Erleichterung. Saturn kann Ihnen eine Menge harter Arbeit bescheren, vor allem in Angelegenheiten, die mit Ihrer Gesundheit oder Ihrer Selbstentfaltung zu tun haben. Wenn Saturn sich jetzt Anfang März anschickt, Ihr Zeichen zu verlassen, denken Sie daran, dass ein Geschenk auf dem Weg zu Ihnen ist. Saturn ist der Herr des Karmas und belohnt immer unsere karmischen guten Taten. All die Anstrengungen, die Sie unternommen haben, um den Herausforderungen von Saturn zu begegnen, können sich jetzt auszahlen.

Wenn du dich also abgemüht hast, wenn du das Gefühl hattest, dich in einem Kampf bergauf zu bewegen, dann wirst du jetzt dein Ziel erreichen und die herrliche Aussicht genießen können. Atmen Sie durch, Sie haben es sich verdient. Sie haben es verdient, diese Zeit zu nutzen, um all die Lektionen und Herausforderungen zu feiern und zu würdigen, die Sie durchlebt haben.

Nehmen Sie sich einen Moment Zeit, um Dankbarkeit zu empfinden für alles, was Sie gelernt haben und wie weise Sie heute sind. Nimm alle Wege wahr, auf denen du gewachsen und gereift bist. Wenn Saturn dein Zeichen besucht, möchte er, dass du die

Verantwortung für jeden Aspekt deines Lebens übernimmst, von deinem physischen Körper bis zu den Menschen, mit denen du dich umgibst, und den Dingen, denen du deine Zeit widmest. Saturn gibt uns einen vollständigen Lebensrückblick und stellt sicher, dass wir gemäß unserer Bestimmung leben.

Viele der Umzüge und Veränderungen, die in den letzten Jahren stattgefunden haben, haben euch an diesen Ort und näher zu eurem Seelenvertrag gebracht. Auch wenn ihr Herausforderungen erlebt habt, denkt daran, dass dies alles im Namen des spirituellen Wachstums und der Expansion geschieht! Mit dem Einzug von Saturn in die Fische bekommst du eine Verschnaufpause, du wirst sehen, wie sich die Energie leichter anfühlen wird.

Wenn Sie sich niedergeschlagen gefühlt haben, als würde das Gewicht der Welt auf Ihren Schultern lasten, können Sie das jetzt ablegen und die neue Leichtigkeit begrüßen, die Sie erwartet. Wenn Saturn sich durch die Fische bewegt, wird er sich um deine Finanzen, dein Selbstwertgefühl und deine Verbindung zum Überfluss kümmern.

Sie müssen sich vielleicht steigern, wenn es darum geht, Ihren Wert zu bekräftigen und zu wissen, was Sie wirklich verdienen, Sie müssen vielleicht einige Gedanken des Mangels und der Knappheit loswerden und sich selbst daran erinnern, dass Sie es wert sind, die Gaben des Universums zu haben und zu erhalten.

Ich möchte, dass Sie sich entspannen und die Zeit genießen können, in der Saturn Ihr Zeichen verlässt, also tun Sie das, aber später, wenn Sie sich bereit fühlen, stürzen Sie sich wieder in die Arbeit, denn Saturn wartet, und er ist nicht so geduldig.

Saturn, der als Herr des Karmas bekannt ist, sorgt dafür, dass Schulden und karmische Guthaben beglichen werden, und da Saturn in den Fischen sich mit Ihren Finanzen befasst, könnte sich dies in Form von Rechnungen und Steuern manifestieren. Wenn Sie mit Schulden zu kämpfen haben, ist jetzt der richtige Zeitpunkt, um sich zu organisieren und einen praktischen Plan zu erstellen, wie Sie einen Teil Ihrer Schulden abbezahlen können. Es ist auch eine gute Zeit, um Ihre finanzielle Situation in Ordnung zu bringen und sicherzustellen, dass Sie im Rahmen Ihrer Möglichkeiten leben und nicht zu viel Geld ausgeben.

Wenn Sie jedoch Angst haben, Ihr Geld auszugeben, und keinen Spielraum für Freizeitaktivitäten haben, müssen Sie sich vielleicht auch mit den zugrunde liegenden Ängsten auseinandersetzen. Saturn ist sehr praktisch, und dies sind einige praktische Beispiele dafür, was sich manifestieren kann. Auf einer praktischen Ebene geht es darum, dass man lernt, besser mit Geld umzugehen und seine Finanzen so zu verwalten, dass man nicht unterdrückt wird, aber auch nicht zu viel ausgibt. Auf einer tieferen Ebene jedoch wird Saturn Ihnen helfen, sich mit Ihrem

Selbstwertgefühl und Ihrer tieferen Beziehung zu dem, was Geld für Sie bedeutet, zu verbinden. Geld ist für viele von uns ein Garant für Sicherheit, und obwohl dies zum Teil gerechtfertigt ist, kann die Arbeit an Ihrer Beziehung zu Geld Ihnen helfen, eine positivere und gesündere Beziehung zu dem zu entwickeln, was es in Ihnen auslöst.

Mit anderen Worten: Geld ist einfach ein Energieaustausch, eine energetische "Währung", die von Mensch zu Mensch fließt. Überlegen Sie, was dieser Gedanke in Ihnen auslöst und wie Sie Ihre Einstellung zu Geld ändern können. Unsere Einstellung zu Geld steht auch in direktem Zusammenhang mit unseren Gefühlen der Fülle und wie offen wir für das Empfangen sind.

Fülle ist eine energetische Kraft, die uns überall umgibt. Der schnellste Weg, Fülle anzuzapfen, besteht darin, Dankbarkeit zu üben und an alles zu denken, was man hat, und nicht an das, was man nicht hat. Indem du dich auf das konzentrierst, was du hast, bringst du dich in eine direkte Schwingungsübereinstimmung mit der Fülle, und das lässt mehr Fülle in deine Richtung fließen.

In Ihrer Beziehung zum Überfluss geht es nicht um Geld, sondern darum, wie würdig Sie sich fühlen, die Gaben, die das Universum bringen muss, zu empfangen und mit ihnen zu arbeiten. Mit Saturn in den Fischen werden Sie vielleicht auf natürliche Weise feststellen, dass mehr Fülle auf Sie zukommt, nicht nur in Form von Geld, sondern auch in Form von Möglichkeiten und Projekten. Vielleicht haben Sie aber auch das Gefühl, dass sich alle Türen um Sie herumschließen. Wenn dies der Fall ist, denken Sie daran, dass dies ein Aufruf ist, nach innen zu gehen und an der Dankbarkeit und den Geschenken zu arbeiten, die bereits um Sie herum sind.

Dies wird Ihnen helfen, Ihre Verbindung zur Fülle des Universums wiederherzustellen. Es kann auch hilfreich sein, über Dinge zu meditieren, die Ihnen das Gefühl geben, im Überfluss zu leben, und dieses Bild zu visualisieren, wann immer Sie das Gefühl haben, einen Energieschub zu brauchen. Saturn in Fische wird Sie auch dazu anleiten, die Verantwortung für Ihr Selbstwertgefühl zu übernehmen. Wenn Sie sich nicht würdig fühlen, etwas zu haben, kann es für Sie sehr schwierig sein, es zu erhalten.

Saturn wird Sie alles über den Selbstwert lehren, nicht nur in Bezug auf Geld und Überfluss, sondern in allen Bereichen Ihres Lebens. Sie werden vielleicht feststellen, dass Sie aufgerufen sind, sich zu erheben und Ihren Wert wirklich zu schätzen und ihn anderen mitzuteilen. Saturn ist ein Meister im Schaffen von Grenzen, so dass das Schaffen von Grenzen hier Ihnen helfen kann, Ihren Wert zu bestätigen und in Ihrer Macht zu stehen.

Selbstwertgefühl ist auch mit Selbstliebe verbunden, und auch das könnte ein Thema sein, das sich für Sie stellt, wenn Saturn durch die Fische läuft. Spiegeln Ihre Handlungen wieder, dass Sie sich selbst lieben? Die Antwort auf diese Frage wird wahrscheinlich tiefgreifend sein, aber Saturn in den Fischen wird Ihnen helfen, sie zu klären. Schritt für Schritt und nach und nach werden Sie beginnen, eine festere und sicherere Beziehung zu Geld, zu Überfluss und vor allem zu Ihrem Selbstwertgefühl zu entwickeln. Wenn Sie sich einfach auf Ihr Selbstwertgefühl konzentrieren, wird sich der Rest von selbst ergeben.

Freundschaft unter astrologischen Gesichtspunkten

Freundschaft ist eine der wunderbarsten menschlichen Verbindungen, ein Freund ist der Schutz in unseren Sorgen und mit dem wir Momente der Freude teilen.

Manche Freundschaften entstehen sofort, während andere Jahre brauchen, um sich zu festigen. Sie beruhen auf Gegenseitigkeit und Engagement.

In unserer Zeit ist es schwierig, einen wahren Freund zu finden, denn wir leben in einer Gesellschaft, in der fast jeder von irgendetwas profitieren will, und wenn wir einen finden, klammern wir uns an ihn.

Es ist wichtig, sich daran zu erinnern, dass jeder Mensch, der unseren Weg kreuzt, ob gut oder schlecht, uns eine wichtige Lektion erteilt, die wir lernen können.

Wenn es um Freundschaft geht, hat die Astrologie, wie immer so faszinierend, eine Menge zu sagen. Wir legen nicht alle den gleichen Wert auf Freundschaft in unserem Leben, und wir sind nicht gleichermaßen mit unseren Freunden verbunden.

***Der Widder ist ein** sehr großzügiges und spontanes Zeichen. Es ist die Art von Freund, der in guten und schlechten Zeiten ist. Mit ihnen leben Sie Abenteuer und verrückte Tage. Der Widder lässt manchmal zu, dass sein Temperament seine wahren Qualitäten trübt,* aber am Ende sind sie Menschen, denen man vertrauen kann. Waage und Wassermann sind die besten Verbündeten des Widders.

Taurus, die hartnäckigsten Freunde, aber die zuverlässigsten. Taurus Freundschaft überwindet jeden Rückschlag und transzendiert die Barrieren der Zeit. Sie sind engagiert, loyal, konstante Freunde und gute Berater. Manchmal auch besitzergreifend und eifersüchtig. Die besten Verbündeten des Stieres sind Steinbock und Krebs.

Zwillinge sind superlustig und haben immer viele Freunde. Er ist ein bisschen unbeständig und redselig, daher ist er unzuverlässig. Bei ihnen geht es darum, mit dem Strom zu schwimmen und sich an ihr vielseitiges Verhalten zu gewöhnen. Die Freundschaften der Zwillinge müssen eine intellektuelle Verbindung haben, daher sind Waage und Löwe seine besten Verbündeten.

Krebs, ihre Gruppe von Freunden ist sehr klein, weil sie Angst vor der Öffnung zu anderen sind. Es ist ein supersentimental, großzügig, und schützende Freund. Er ist immer bereit, dir seine Schulter anzubieten, um deine Sorgen zu lindern. Wenn du ihr Freund bist, gehörst du zu ihrer Familie. Die besten Verbündeten des Krebses sind Jungfrau und Fische.

Leo ist charismatisch, lustig und warmherzig. Er ist sehr loyal und opfert sich für seine Freunde auf.

Aufgrund ihrer magnetischen Ausstrahlung ziehen sie viele Freunde an. Sie tun gerne Gefallen und geben, ohne eine Gegenleistung zu erwarten. Ihr Wettbewerbsgeist und ihre Selbstbezogenheit sind jedoch ihre Achillesferse, sie brauchen bescheidene und geduldige Freunde. Ihre besten Verbündeten sind Steinbock und Schütze.

***Jungfrau,** Perfektion erstreckt sich auch auf diesen Bereich. Sie sind anspruchsvoll und wählerisch. Sie ignorieren ihre persönlichen Probleme, um ihren Freunden unter die Arme zu greifen. Sie sind umgänglich und diskret. Manchmal ziehen sie sich gerne in ihre eigene Welt zurück und lassen niemanden in diese Welt hinein. Die besten Verbündeten der Jungfrau sind Krebs und Skorpion.*

***Waagen** sind harmonisch, heiter und ruhig. Sie verstehen es, mit ihren Freunden Spaß zu haben, sie lieben es, von Freunden umgeben zu sein, und dank ihrer diplomatischen Fähigkeiten wissen sie, wie sie die Probleme ihrer Freunde lösen können. Wenn sie eine Freundschaft schließen, dann ist sie echt. Die besten Verbündeten der Waage sind Schütze und Wassermann.*

***Skorpion,** ihre Haltung ist ehrenhaft und aufrecht. Eifersüchtig und besitzergreifend auf ihre Freunde, ist ein Skorpion unter deinen Freunden ein Synonym für absolute Unterstützung. Der Skorpion ist einer der loyalsten Freunde, die man im Laufe seines Lebens* *finden kann, ein sehr guter Berater. Die besten Verbündeten des Skorpions sind Jungfrau und Steinbock.*

***Schütze**, einen Freund dieses Zeichens zu haben, ist wie ein Glücksfall. Ihre Freundschaft ist eine der aufrichtigsten, reinsten und edelsten des ganzen Tierkreises. Der Schütze tut alles für seine Freunde. Sie besitzen die Fähigkeit, viele Freundschaften zu schließen und können Probleme lösen, sie sind beschützend. Die besten Verbündeten sind Waage und Zwillinge.*

***Steinböcke haben** es nicht leicht, Freunde zu finden, denn sie sind sehr vorsichtig und zurückhaltend. Sie neigen dazu, nach Freundschaften zu suchen, die lange halten, weil sie wissen, wie wichtig diese Bindungen im Leben sind. Wenn es ihm gelingt, eine Verbindung herzustellen, ist er loyal. Sie mögen es, wenn man ihnen zuhört und ihre Ratschläge nicht ignoriert werden. Seine besten Verbündeten sind Stier und Jungfrau.*

***Der Wassermann** ist der perfekte Freund, respektiert das Privatleben seiner Freunde und ist diskret. Sie sind sehr großzügig mit denen, die sie wirklich schätzen. Aber was sie nicht widerstehen, ist, dass jemand versucht, ihre Freiheit zu behindern, weil sie sehr unabhängig sind. Ein Wassermann-Freund ist ein echter Schatz, um den man sich kümmern muss, denn er gibt immer sein Bestes, ohne eine Gegenleistung zu* verlangen. *Ihre besten Verbündeten sind Waage und Widder.*

Fische*, der Frieden, der von diesem Zeichen ausstrahlt, ist ein Magnet, um Freunde anzuziehen. Es ist süß und treu, so dass sie eine unvergleichliche Empathie zu erzeugen. Sie sind aufrichtig und äußern sich mit dem Herzen in der Hand, aber sie verlangen, dass andere zu erwidern. Sie haben das Bedürfnis, allein zu sein und nachzudenken, daher ist es wahrscheinlich, dass sie nicht so viel Zeit mit ihren Freunden verbringen. Ihre besten Verbündeten sind Stier und Skorpion.*

Die Hilfe des Universums bei der Wahl Ihrer Karriere

Wir sind, was wir tun, die Arbeit nimmt mehr Zeit in Anspruch als jede andere Tätigkeit, und fast jede Tätigkeit in unserem Leben ist mit der Arbeit verbunden.

Unser sozialer Status wird mehr als alles andere durch unseren Beruf und unsere Stellung darin bestimmt. Was machen Sie beruflich, oder was ist Ihr Beruf, sind Fragen, die danach kommen: Wie ist Ihr Name? Die Antwort ist fast schon enzyklopädisch, denn sie beschreibt Ihre Ausbildung, Ihr Einkommen, Ihr Kommunikationsniveau, Ihre politischen und sogar spirituellen Neigungen, Ihre Vorstellungskraft, Ihre Art zu denken usw.

Im Grunde ist es die Frage, die den Beginn einer Beziehung bestimmt, die wir wie folgt übersetzen würden: Über welche Ressourcen verfügen Sie, die mir nützen?

In unserer heutigen Kultur gibt es eine schier unendliche, wenn auch verwirrende Vielfalt von Berufen, die angeboten werden. Um die Wahl zwischen so vielen Optionen zu erleichtern, gibt es die Berufsastrologie, eine wichtige Spezialität und Dienstleistung in unserem Bereich, wobei die häufigsten Anliegen der Klienten die Liebe und die Arbeit sind.

Das Berufshoroskop ist eine Planetenkarte, die ausschließlich zur Beantwortung beruflicher Fragen verwendet wird. Manch einer mag sich fragen, wie es sich von Eignungstests und Berufsberatung unterscheidet, glauben Sie mir, es ist groß.

Ein Berufstest kann zwar zeigen, dass Sie ein perfekter Bauingenieur sein werden, aber er kann weder Ihren Erfolg in diesem Bereich noch Ihr finanzielles Potenzial oder Ihr emotionales Wohlbefinden in diesem Beruf vorhersagen. Was ist, wenn ein Beruf wie der des Bauingenieurs für Sie gefährlich ist, weil Sie die Veranlagung haben, bei einem Sturz zu sterben? Das könnte Ihnen passieren, wenn Sie ein Dach, eine Brücke oder ein anderes Bauwerk inspizieren.

Ein Eignungstest kann dies nicht vorhersagen, wohl aber ein berufliches Geburtshoroskop.

Es ist nicht weniger wahr, dass einige keine Probleme bei der Wahl ihrer Berufe haben, und wenn man ihr Horoskop analysiert, ist das offensichtlich; aber wie es in allen Fällen geschieht, können sie Probleme haben, die sich aus dieser Arbeit ergeben, weil es unmöglich ist, dass sie "Meister" in allen Fähigkeiten sein können, die für das, was sie tun, notwendig sind.

Die psychische Verfassung einer Person wirkt sich auf alle Angelegenheiten aus, die mit ihrem Beruf oder ihrer Berufung zu tun haben. So könnte eine Person, die streitlustig ist und sich leicht bedroht fühlt, diese Eigenschaften in einem "gewerkschaftlichen" Beruf einsetzen, um die Interessen und Rechte der Arbeitnehmer zu verteidigen.

Stellen Sie sich nun dieselbe Person als Lehrer von Kindern im Teenageralter vor.

Viele Menschen sind in ihrem Beruf unglücklich, weil sie ihre Träume, ihr Potenzial und ihre Talente nicht ausleben können. Niemand hat sie angeleitet, ihre Fähigkeiten zu entfalten, und es wurde ihnen nie erklärt, dass es einen Unterschied zwischen Beruf, Berufung und Arbeit gibt.

Das Alter des Klienten, die gelebten Erfahrungen sind entscheidend, denn wenn wir erwachsen sind, können die Bereiche Ehe und Kinder Einfluss nehmen. Das ist der Grund, warum man manchmal Menschen findet, die einem Hobby mehr Aufmerksamkeit schenken als der Arbeit, denn oft sind unsere Talente in diesen Unterhaltungen verborgen.

Es kommt sehr häufig vor, dass erfolgreiche Menschen in ihren brillanten Berufen unglücklich sind, weil ihr Temperament mit diesem Beruf nicht vereinbar ist.

Es gibt auch Menschen, die ihre Arbeit lieben, aber wenig Erfolg haben. Hier sind die

Temperamentsfaktoren Mond, Sonne und Aszendent mit ihrer Arbeit vereinbar, aber der Planet, der diesen Beruf regiert, ist durch die Platzierung oder die Aspekte schwach und verwehrt ihnen den gewünschten Erfolg.

Es gibt viele Aspekte, die bei der Berufswahl zu berücksichtigen sind, man kann sogar mehrere haben, aber im Allgemeinen kann man sagen, dass die kardinalen Zeichen (Widder, Krebs, Waage und Steinbock) Organisationstalent haben, sie sind Initiatoren und neigen daher dazu, ihr eigenes Unternehmen zu haben, weil sie sich nicht gut unterordnen können.

Krebs wäre hier die Ausnahme.

Fixe Zeichen (Stier, Löwe, Skorpion und Wassermann) wissen, wie man Ressourcen oder Menschen verwaltet, sie bringen zu Ende, was andere beginnen, sollten aber nicht in Positionen arbeiten, in denen Flexibilität gefragt ist.

Die Ausnahme wäre hier der Wassermann, der ein wenig unberechenbar und exzentrisch ist, seine Individualität muss berücksichtigt werden.

Die veränderlichen Zeichen (Zwillinge, Jungfrau, Schütze und Fische) können eine unglaubliche Menge an emotionalem Stress bewältigen, ohne davon beeinträchtigt zu werden. Weil sie so fließend und flexibel sind, sind sie zu einer unglaublichen Anzahl von Aufgaben fähig.

Hier wäre die Ausnahme die Jungfrau, sie muss individuell analysiert werden.

Ein Bewerbungsschreiben zeigt immer unsere Talente, unsere Fähigkeiten, Geld zu verdienen, und vor allem: unseren Willen zum Erfolg.

Bis dass das Geld uns scheidet!

Es ist sehr kompliziert, Liebe und Geld in Einklang zu bringen. Es ist erwiesen, dass nach einer Zeit, in der alles rosig ist, wirtschaftliche Diskrepanzen auftreten.

Kommunikation ist das A und O in jeder Beziehung, aber das Thema Geld ist sehr heikel, und deshalb meiden viele dieses Thema.

Die Technologie hat die finanziellen Probleme verschärft; Konflikte über Geld zwischen Paaren haben zugenommen, da Geld in gewisser Weise unantastbar geworden ist.

Virtuelle Transaktionen und andere Verfahren, die an die Stelle des Bargelds getreten sind, verursachen große Komplikationen, da es schwieriger ist, die Finanztransaktionen zu kontrollieren und im Auge zu behalten.

Die Familienfinanzen sind ein grundlegender Bestandteil der Beziehung, und wenn sie nicht gesund sind, schaden sie der Verbindung.

Geld verursacht so viele Konflikte, dass es nach Untreue der zweithäufigste Grund für eine Scheidung oder Trennung ist.

Wir alle haben unterschiedliche Ausbildungen und Gewohnheiten, wenn wir heiraten, vereinen wir sie mit denen der anderen Person. Die Ungleichheit unserer

Bildung bedeutet nicht, dass die Bräuche des einen schlecht und die des anderen gut sind, sie sind einfach unterschiedlich, wir müssen sie verstehen, sie bewerten und entscheiden, welche für die Beziehung angemessen sind.

Stereotype, sozialer Druck und das Streben nach einer Kultur der Gleichberechtigung haben dazu geführt, dass Paare ihr Verhältnis zum Wirtschaftsbudget geändert haben.

Es ist heutzutage sehr schwierig, ein Paar zu finden, bei dem nicht einer der Partner eine neue Anschaffung als eine alte ausgibt, sagt, dass er/sie etwas mit einem Rabatt gekauft hat, obwohl dies nicht stimmt, Geld von Sparkonten abhebt, ohne dies mitzuteilen, geheime Konten oder verstecktes Geld hat, über Schulden lügt, Geld für die Kinder ausgibt, ohne es mit dem Partner zu teilen, usw.

Etwas, das sehr verbreitet ist und dass ich nicht verstehe, ist die Trennung der Finanzen. Wenn wir heiraten, dann deshalb, weil wir eine Einheit haben wollen. Indem wir teilen, schaffen wir eine Symbiose zwischen zwei Menschen, die viel effektiver ist als die Summe der Teile; wenn wir die Finanzen trennen oder die wirtschaftliche Verantwortung einem der Mitglieder des Paares aufbürden, dann schaffen wir eine Trennung.

In unzähligen Ehen kommt es zu Komplikationen, wenn das Geld wertvoller wird als die Beziehung. Wenn Sie Ihr Geld getrennt halten, teilen Sie Ihrer besseren Hälfte im Grunde mit, dass Sie ihr nicht vertrauen, und wo es keine Klarheit und kein Vertrauen gibt, gibt es auch keine Zukunft.

Aus astrologischer Sicht gehört der Widder zu den finanziell untreuesten Sternzeichen. Widder haben ernsthafte Probleme, ihre Finanzen zu verwalten, und da sie der Meinung sind, dass Geld dazu da ist, ausgegeben zu werden, verbergen sie viele wirtschaftliche Transaktionen vor ihren Partnern.

Waagen leben gerne über ihre Verhältnisse, wenn sie etwas sehen, das ihnen gefällt, denken sie nicht zweimal nach, sie kaufen es, selbst wenn sie mittellos sind und verstecken es im Kofferraum des Autos, wenn sie herausgefunden werden, sagen sie, sie hätten es schon vor ihrer Heirat gehabt!

Der Krebs ist berühmt für seine Unfähigkeit, Versuchungen zu widerstehen, und Paare mit einer Jungfrau-Komponente gehören mit all ihren analytischen Fähigkeiten zu denjenigen, die am meisten die Bank überziehen.

Am pragmatischsten, diszipliniertesten und ehrlichsten in finanziellen Angelegenheiten sind Steinbock und Fische.

Wenn wir mit einer anderen Person zusammenleben, müssen wir den besten Weg finden, um mit Geld umzugehen, Vereinbarungen und Meinungsverschiedenheiten zum richtigen Zeitpunkt mitzuteilen, da das Festhalten an Groll oder Kommentaren keine Lösung darstellt.

Autoritäts- und Gehorsamsverhalten führen zu asymmetrischen Beziehungen, die auf Ungleichheit beruhen, insbesondere wenn man Macht mit Geld ausübt.

Literaturverzeichnis

Einige Informationen wurden aus den von den Autoren veröffentlichten Büchern entnommen: Liebe für alle Herzen, Geld für alle Taschen und Horoskope 2022 und 2024.

Artikel im Nuevo Herald, verfasst von einem der Autoren.

Über die Autoren

Zusätzlich zu ihrem astrologischen Wissen verfügt Alina A. Rubi über eine reichhaltige berufliche Ausbildung; sie hat Zertifizierungen in Psychologie, Hypnose, Reiki, bioenergetischer Kristallheilung, Engelsheilung, Traumdeutung und ist spirituelle Lehrerin. Rubi verfügt über Kenntnisse in Gemmologie, die sie nutzt, um Steine oder Mineralien zu programmieren und sie in kraftvolle Amulette oder Talismane des Schutzes zu verwandeln.

Ruby hat einen praktischen und ergebnisorientierten Charakter, der es ihr ermöglicht hat, eine besondere und integrierende Vision von mehreren Welten zu haben, die Lösungen für spezifische Probleme erleichtert. Alina schreibt die Monatshoroskope für die Website der American Asociation of Astrologers; Sie können sie unter www.astrologers.com lesen. Zurzeit schreibt sie eine wöchentliche Kolumne in der Zeitung El Nuevo Herald über spirituelle Themen, die jeden Sonntag in digitaler

Form und montags in gedruckter Form erscheint. Er hat auch ein Programm und ein wöchentliches Horoskop auf dem YouTube-Kanal dieser Zeitung. Ihr Astrologisches Jahrbuch wird jedes Jahr in der Zeitung "Diario las Américas" in der Rubrik Rubi Astrologa veröffentlicht.

Rubi hat mehrere Artikel über Astrologie für die monatliche Publikation "Today's Astrologer" geschrieben und Kurse über Astrologie, Tarot, Handlesen, Kristallheilung und Esoterik gegeben. Auf ihrem YouTube-Kanal stellt sie wöchentlich Videos zu esoterischen Themen zur Verfügung: Rubi Astrologa. Sie hatte ihre eigene Astrologie Sendung, die täglich über Flamingo T.V. ausgestrahlt wurde, wurde von mehreren Fernseh- und Radiosendungen interviewt und veröffentlicht jedes Jahr ihr "Astrologisches Jahrbuch" mit dem Horoskop nach Sternzeichen und anderen interessanten mystischen Themen.

Sie ist Autorin der Bücher "Reis und Bohnen für die Seele" Teil I, II und III, einer Zusammenstellung von esoterischen Artikeln, die in Englisch, Spanisch, Französisch, Italienisch und Portugiesisch veröffentlicht wurden. "Geld für alle Taschen", "Liebe für alle Herzen", "Gesundheit für alle Körper", Astrologisches Jahrbuch 2021, Horoskop 2022, Rituale und Zaubersprüche für den Erfolg im Jahr 2022, Zaubersprüche und Geheimnisse, Astrologie Kurse, Rituale und Zaubersprüche 2024 und Chinesisches Horoskop 2024 sind in fünf Sprachen erhältlich:

Englisch, Italienisch, Französisch, Japanisch und Deutsch.

Rubi spricht fließend Englisch und Spanisch und vereint in ihren Lesungen alle ihre Talente und Kenntnisse. Sie wohnt derzeit in Miami, Florida.

Weitere Informationen finden Sie auf der **Website** *www.esoterismomagia.com.*

Alina A. Rubi ist die Tochter von Alina Rubi. Sie studiert derzeit Psychologie an der Florida International University.

Seit ihrer Kindheit interessiert sie sich für alle metaphysischen und esoterischen Themen und praktiziert Astrologie und Kabbala seit ihrem vierten Lebensjahr. Sie verfügt über Kenntnisse in Tarot, Reiki und Edelsteinkunde. Sie ist nicht nur Autorin, sondern zusammen mit ihrer Schwester Angeline A. Rubi auch die Herausgeberin aller von ihr und ihrer Mutter veröffentlichten Bücher.

Für weitere Informationen kontaktieren Sie sie bitte per E-Mail: **rubiediciones29@gmail.com**

www.ingramcontent.com/pod-product-compliance
Lightning Source LLC
Chambersburg PA
CBHW060116120726
48003CB00009B/2660